剧坛一老兵

王靖寰◎著

红旗出版社

红旗出版社
RED FLAG PRESS
推动进步的力量

图书在版编目（CIP）数据

剧坛一老兵 / 王靖寰著. — 北京 : 红旗出版社,
2020.1
ISBN 978-7-5051-5087-4
Ⅰ. ①剧… Ⅱ. ①王… Ⅲ. ①王靖寰—自传 Ⅳ.
①K825.78
中国版本图书馆CIP数据核字(2019)第282957号

书　　名　剧坛一老兵
著　　者　王靖寰

出 品 人　唐中祥　　　责任编辑　毛传兵　刘险涛
总 监 制　褚定华　　　选题策划　张宝明　雷永军

出版发行　红旗出版社　　　地　　址　北京市沙滩北街2号
邮政编码　100727　　　编 辑 部　010-57274526
E - mai　lhongqi1608@126.com
发 行 部　010-57270296
印　　刷　北京欣睿虹印刷有限公司
开　　本　710毫米×1000毫米　1/16
字　　数　170千字　　　印　　张　11.25
版　　次　2020年1月北京第1版　　2020年1月河北第1次印刷
ISBN 978-7-5051-5087-4　　定　　价　36.00元

欢迎品牌畅销图书项目合作　联系电话：010-57270270

青山依旧，夕阳正红

——罗江涛（代序）

王靖寰先生是我十分尊敬的前辈。

几年前初交王老夫妇时，他们就已经年过八旬，传统上可称耄耋老人了。虽然早就听过有关他们的许许多多故事，但当真正站在他俩面前时，我和我太太仍然被强烈地震撼。一个字：美！——挺拔的身材、红润的肌肤、澄澈的眼眸、从容的步态，还有悦耳的嗓音、亲切的笑容、敏锐的思维、幽默的谈吐……妥妥的就是一对健康儒雅知性温婉的“美女帅哥”！

尤其使我着迷的是老人家从骨子里透出的风采与气度，任何现今的“小鲜肉”“小仙女”都无法比拟。读过这部书稿以后，我终于明白了：那是岁月浸润之功！

翻开书页，随着作者的笔触，我看到一个聪明可爱的小男孩，从小就痴迷戏剧艺术，在劳作课上捏塑了六个小人儿头，然后精心绘制了京剧脸谱作为作业交给老师，受到老师赞扬后心里美滋滋的，可是老师竟把“作业”留下了不发还回来！那又兴奋又无奈的形象跃然纸上。

在北京上中学以及考入中戏成为首届学员期间，王老有机会接触了许多大师级人物，如欧阳予倩、曹禺、光未然、蔡松龄、焦菊隐、马燕祥、陈荒煤，黄药眠、范长江、乌兰诺娃、戴爱莲、郭兰英等，得到他们的指教，受益颇深。后来在几十年的艺术实践和艺术创作的艰苦跋涉中，又得到了贺敬之、周巍峙、阎肃、刘莲池、陆棨、于淑珍、施光南、王崑等领导和专家的指教与帮助，晚年勇闯影视圈，与古月、孔祥玉、许道临等特型演员同台飙戏，艺术造诣日益精进，及至炉火纯青。

这本书记录了王老的艺术足迹，同时也是一个时代的缩影。王老是那一代优秀艺术家的典型代表。作为晚辈，我读此书深受教益。书里始终贯穿着两条主线：事业和感情。

事业方面，今天我们看到王老是一个光彩照人的艺术家，须知经历了六十余年的磨砺呀！书中我们可以看到朝鲜前线的踏雪卧冰、云贵高原的打马穿林，还有在越南战区每天都须身佩短枪和30发子弹。那是怎样一个艰苦的环境！特别难能可贵的是，几十年来无论处于什么境遇，王老对艺术的挚爱从未消减、对艺术的追求从未停歇，这尤其在他带团创演《火把节》和创办“影视艺术中心”的倾情投入中得到印证。正如老先生自己总结的：美梦来自敢想，成功来自敢干。

感情，更是本书的最大亮点。循着王老从外孙子一步步成为爷爷和外公，通篇充盈着浓浓的亲情、爱情、手足情、战友情、同志情。现实的“王二哥”要追求舞台上的“王二嫂”，我一边阅读一边攥拳助威，心里叫着：“勇敢些！”因为这分明就是老天安排的一桩好姻缘！读到小女儿出生那一段，其时正值“文革”期间，非人的“管理”使王老不能回家照顾刚生产的妻子。十岁的儿子懂事地给妈妈煮了一锅面汤，还没端到跟前就掉落到地上……我禁不住泪如泉涌！王老是一个特别善良又常怀感恩之心的人，还清楚地记得十三岁那年到北京上初中的第一晚那个主动照顾自己的名叫李宽仁的高年级同学；王老也深深地记得赴朝鲜慰问演出时，一群朝鲜小姑娘在零下十几摄氏度的气温下打着赤脚站在冰雪路面欢迎他们。他到现在还在心疼她们！

王老夫妇早已把艺术融入生活，也把生活过成了艺术。退休以后在所居住的小区里义务创办的艺术团声名赫赫，居然受到党和国家两任最高领导人亲临视察。但老人家淡泊名利，每天吊嗓、散步、练书法，我行我素，自得其乐。正可谓青山依旧，夕阳正红。

2019年6月

作者　罗江涛

目录

MULU

歌剧《夺印》简况

抗美援越

“文化大革命”时期

歌剧《火把节》

分房

结缘影视

退休生活

我的小履历

我的童年

不忘父母养育恩　外公外婆情义深

1932年11月22日我出生在河北省昌黎县，父亲王子亭，河北省安次县人，在通县潞河中学读书期间，得知天津由英国人开办的邮政总局正在招人，当时父亲的家境已渐中落，他决定放弃上大学的机会报考邮局的工作，录取后经过一段时间的培训，分配到昌黎县工作，几年前父亲与武清县无梁庙村孔宪荣结婚。婚后生下一男一女，均住在外婆家。1932年生下我后，父亲调往河北省武清县担任邮政局局长。这时，母亲、外公、外婆都搬到武清县居住。邮政局在武清县南街。父亲在这里租住了一套临街的小院，临街的两间房就做邮局办公用，院子里的几间房就住着我们一家人。

记得我读小学时，姐姐哥哥都同在一所小学读书，分别读五年级、三年级，我读一年级。中午回家吃饭，三人围坐在一个矮桌旁，几乎每顿都是一人一个煎鸡蛋、一个窝头、一碗粥，直至我们毕业。学校离家不远，围绕着一座孔庙而建，中间就是孔庙的大雄宝殿，需要上几步台阶才能走到大殿里边，殿里挂着“万世师表”的牌匾，共有72名贤人牌位。每年祭孔的时候，县领导、学校领导都穿长袍马褂前来祭拜，案上供品丰富，香烟缭绕，很是隆重！

宝殿周围是教室，大殿背后是大操场，全校集合开大会就在此处进行。

在小学期间，我特别贪玩，学习不用功，隐约记得当时学校悬挂的国旗颜色是红黄蓝白黑，从三年级起，教我们日语的老师是个女老师，说话有点东北口音，一直教到日本人投降。那时候，儿童节是4月4日。记得有一次儿童节，同学们排了个小节目，由于当时我个子不高，扮演一个儿子，高个子的同学扮演我的父亲，我们打鱼为生，土匪把我们抓了去，眼睛被蒙着，只听到警察和土匪在打仗，后来把我们救出来了。这算是我第一次的演艺活动。还记得在小学毕业典礼上，因为是露天，天气又闷又热，我昏倒了，老师掐了我的人中，给我擦了万金油，我就醒了，醒来时有两位老师站在我身边，安慰着我，当时我的身体确实不是很好。

家庭生活

忠厚传家久　诗书继世长

父亲虽然每天在邮局里上班，却从未忽略过对我们的教育和关心。我们家大门的对联就是“忠厚传家久，诗书继世长”。父亲讲得最多的两句话是：“将相本无种，男儿当自强”“天下无难事，只怕有心人”。这两句话激励了我一辈子，是他告诉我应该如何做人。他说：“一次有个农民来邮局取汇款，由于他不认字，就把汇单交给了我，我看了以后告诉他，这是一张汇款单，是某某人从某地寄来的钱，然后把单子和钱交到他手上，让他慢慢数清楚了再离开。”父亲用这个故事告诉我们，做人要诚实、诚信。

他规定我和哥哥每天要写字，先学柳体，因为颜筋、柳骨、赵肉，所以要先学柳体的骨，有了骨才有筋和肉，后来我也学过一些赵体，直到上了中学，需要住校才停止。

父亲还喜欢打篮球，县里当时只有小学才有篮球场，有时带着我去看他打篮球，我还帮他看着衣服，直到大汗淋漓才回家。

时隔几十年后，我带儿子回家看他，家里只有一台 14 英寸的小电视机，儿子要看动画片，父亲要看 NBA，争执不下我还在其中调解。当时我还不知 NBA 为何物，而父亲已经开始欣赏乔丹了，直到姚明去了 NBA 我才开始看。

母亲是在农村长大的，没进过学校，因为是独生女，外婆很是喜爱，母亲心灵手巧，针线活、家务事样样精通，母亲一人操持着家里大大小小的事情，犹记得小时候，母亲做的包子、饺子都是特别的好吃。尤其是端午节的粽子，到了那天，我一直守在锅边等着粽子出锅。家里的粽子主要是糯米和大枣，当时已经是我的最高等级的食品了，母亲还亲手给我做过鞋和衬衣，都是一针一线缝出来的。

两年后妹妹出生了，所以我就被送到了外婆家里，因为多出了一个人，外婆就租了一间房，我们在那里住了几年。外公、外婆晚年一直和母亲一起生活，外婆当时已经患有“老慢支”，一到冬天就咳个不停，有时夜里外婆咳得严重，我就爬起来给外婆捶捶背，让她喝点水缓解一些。所以外婆对我也是特别疼爱。她每天晚上给我放一包剥好的板栗，结果小孩子吃太多了消化不良，我得了一种大肚子痞，经过一段时间的治疗才恢复正常。

我的伯父家没有男孩，见到父亲家有两个儿子，伯父就想把我过继给他，父亲也不好拒绝，伯父就把我带到了安次县的家里当儿子。这件事被外婆知道了，很是气愤，直接赶一辆马车到了伯父家。我正在炕上玩，外婆一把把我抱起放到马车上，一路飞奔回到了武清县外婆家里。这样，我又是我父亲的儿子了。

我在外婆家里非常自由，高兴了就站在炕上，戴上自己用铁丝、布条制作成的大胡子，咿咿呀呀地开始唱戏。

10 岁那年母亲生我四弟的时候，外婆跑到母亲身边，床上挂上了幔帐，父亲和外婆在里边接生，我听到母亲的呻吟声。原来，我家的八姊妹都是我外婆接生的。

外公是个典型的北方大汉，名字叫孔昭俊，年轻的时候喜欢要大刀，后来考了个武秀才。再后来，从马上摔下来，脸和眼睛受伤，视力有点弱，记得他教我读《百家姓》，但是要在太阳下才能看清楚书上的字，我很快就背下来了。

记得上小学的时候，外公还拄着拐棍送我上学。听见有车的声音，他用拐棍把我拨到路边，怕我被撞到。等我进了学校的大门，他才慢慢地离开。后来我上了中学，就很少见面了。

直到分配到西南工作，我就再也没见到外公、外婆。外公是先病逝的，几年后外婆也生病了，临终时手里还拿着一张我小时候的照片叫着我的名字离开了人世。当时我正在朝鲜慰问志愿军。直到现在我还觉得自己对两位老人心中有愧。

听评书看京剧　小小年纪迷戏曲

记得我小时候，每天晚上在东大街上有个说评书《济公传》的老头，虽然年纪较大，口齿也不是很利落，语速较慢，可每天晚上都有很多人围在那里听。他的口头禅是："济公长老踢儿趿，踢儿趿又来啦！"我也很爱听，后来听说县里每月初一、初三、初六赶集，有一位年轻的先生说《七侠五义》说得风生水起，很是生动。他是在中午说书，我吃了吃饭就去听，听到快要上课了，赶紧跑回去上课。这位先生给我留下的印象非常深刻，至今我还能背下《七侠五义》的人名和绰号。

后来在西街有一位说书先生，身穿长袍，手持折扇，文绉绉的，典型的一个说书人的形象。说东汉，主要就讲"四云台战将，保刘秀建国"直到坐江山的故事。我曾多次去听。后来知道，原来在城西街上有个河北梆子的票房，有时候会演出。我还看过他们演的《三疑记》（戏名）。东城老爷庙楼上有一个京剧票房比较正规，有北京请来的老师，教戏、拉琴。锣、鼓、镲齐全，而且置有衣箱。听说是县长的儿子喜欢京剧。我每天晚上常去听他们唱戏，里边票友很多，有公务员，有车把式，戏瘾很大。每逢过节，如三八娘娘庙会、四八药王庙会、初一十五老爷庙会等，都要安排东城门外搭台唱戏三天，只要听说要演戏，我放学后，书包往家里一扔，吃点东西，扛着板凳直奔东门外。

天一黑，舞台灯光一照，三通鼓一打，开戏了。我站在凳子上看，我对是武打戏或者花脸戏，兴趣最大，如《骂殿》等。青衣戏一开始我就坐下慢慢听，如此折腾几回眼皮也打架了，再过一会儿就睡眼蒙眬了。醒来时，戏已完，人已散，四面漆黑，啥都看不见，一摸凳子不见了，看见远处灯光，城门未关，赶快走两步进城回家，如是不下几次。

他们经常上演的剧目有《四郎探母》《打渔杀家》《珠帘寨》《翠屏山》《打龙袍》等，印象最深的是《翠屏山》戏里的潘老丈，是个丑角，演得非常好，妙趣横生。女儿潘巧云是县里一个男职员扮演的，名叫贾宏斌，扮相很好，做戏也放得开，很受观众欢迎。我母亲也常来看戏，也认为潘巧云演得好。

再后来，父亲调到天津大沽口工作，他也很喜欢听京戏。每次从天津回来都带几张京剧的唱片，家里有留声机，我就可以听到很多名角的唱段了，如金少山的《打龙袍》、梅兰芳的《坐宫》等。这里还有一些戏曲唱片，有大鼓书，有梅花大鼓、梨花大鼓、刘宝全的京韵大鼓。听多了，我就模仿着东一句西一句地唱，后来学会了几段京剧，如《坐寨啊》《借东风》等。父亲看我能唱几句也很高兴，朋友来家时父亲一高兴，便会说："靖寰来一段。"我就无所畏惧地唱起：将酒宴摆置在聚义厅上……有时全家人都已经吃饭了，我还在唱，母亲唤我别唱了，吃饭。我才收场吃饭，日久天长听多了，也就知道了一些术语，比如导板、原板等。

我还喜看"跳会"。武清县的民间文化活动非常活跃，每到春节期间一直到正月十五都有一种叫"跳会"的娱乐形式，其中有小车会、高跷会、狮子会、龙灯会等，这些会是我们河北省的一种民间娱乐形式。还有一种不常见的会叫"扛箱会"，我只在武清县见过，离开武清县以后就再也没见过了。"扛箱会"是这样表演的，有十来个演员打扮成乞丐的样子，蓬头垢面，两个人抬一个箱子，一根长杆箱子在中间，两个人扛在肩上，打着赤膊，箱子上挂着铃铛，一走起来，铃铛叮当作响，箱子随着杆子上下跳动。扛箱子的人肩上即使磨起了大包也怡然自得。最后面有一顶轿子，轿子里有一个县官打扮的人站在里边，轿子没底儿，据说这个故事是一伙乞丐帮县官搬家，每年都有，乐此不疲，离开武清县以后就再也没见到了。

五年读书在汇文　要做社会有用人

1945年夏，我和姐姐一同赴京，我报考市第九中学，姐姐报考女五中。父亲安排我们住在前门外的一个小旅店里，考试以后等候着发榜。我们在大栅栏，见好几个剧院都在演京剧。姐姐喜欢京剧，也比我会得和懂得多，虽然很少听唱。记得有一天晚上，她小声给我唱《玉堂春》。我记得是：吃了一口，哼了一声，昏昏沉沉倒在地，七窍流血命归阴。我们走着走着，看到广德楼正在上演《济公传》，李万春演的。对面的荣春社剧场在演《十一郎与青面虎》。我们就去看了尚小云的长子——尚长春演的十一郎。青面虎是景荣庆扮演的。记得有个钻椅子的动作演得非常干净利落。功夫了得，我印象很深。直到现在，这位老先生还活跃在北京梨园。

我们还看到赵燕霞演的《玉堂春》、谭富英的《洪羊洞》等。总之，这段时间我们看了一些高水平的演出，着实地过了把戏瘾。

没过多久就发榜了，我们姐弟俩都被报考的学校录取。于是，我们就回家做开学前的所有准备。8月15日日本投降全国人民沸腾了。

9月初，我和姐姐乘火车到了北京，我们去了各自的学校报到，办理了注册手续之后，我把行李搬到分配的宿舍里。一间屋子三个人住，可那两个同学还没来报到，我把行李打开，拿出母亲给我做的包子吃了起来，这是我第一次一个人离开家，一边吃一边就想家了，心里有些难过。想到今晚要一个人住在这里，还有点害怕，毕竟那时的我才13岁。有个高二的同学主动地招呼我说，你今晚可以到我的房间来睡，我非常感激。直到现在我还记得他的名字——李宽仁，真是名副其实啊！后来，我们成了很好的朋友，我经常会去他宿舍玩，碰巧他也喜欢京剧，那出《锁五龙》就是他教给我的。

笑容　校训　课堂风云

初中一届分五个班，按成绩优劣排成甲乙丙丁戊，我分到了甲班。一年级的课程有 13 门，重点是英、汉、算。学校的设备设施比较齐全，有一个开阔的大操场，其中有大小两个足球场，好几个篮球场，单双杠，吊环什么的都有，很齐全。记得经常会有全国性的足球比赛在这里举行，有华联对东风（华联就是中国队，东风就是朝鲜队）；我还记得有一次比赛以后，请的是电影明星白光颁发的奖杯。学校里还有一个室内篮球场，叫作体育馆。很多全国名队来进行比赛，比如木乃伊队和国民党二零八师，两个队经常比赛。电影明星谢天、金焰也来打过球。

学校经常在体育馆里开大会，体育馆的楼上两边，一边是音乐教室，另一边是教室。我们班就在这里上课。开大会前要先唱校歌，就把我们音乐教师的门打开，弹着钢琴，杨荣东老师指挥大家唱校歌：泱泱乎，我汇文；浩浩乎，我汇文……学校对体育非常重视，体育主任黄建当时是撑竿跳华北第二名。学校里还有图书馆可以自由阅读学习。

开学后不久就开展了复校运动，把日本时期的第九中学恢复成汇文中学。校训就是“智、仁、勇”。

英语课是开学以来备受重视的科目，每周七节英语课，两节文法，五节课文。上课的时候老师一进来就会说“Good morning boys”，全体同学就回应“Good morning Sir”。记得英文老师姓关，有点微胖，每天西服笔挺，同学们都问他怎么有这么多西装啊？老师就出了个谜：“我这个西服啊，打个北京出名帽装店的名字，叫剩西服（盛锡福是当时北京的一间名店）。”大伙哄堂大笑。语文老师是一位中国文人打扮的中年人，每天长袍在身，经常在课堂上吟诗作对。记得有一次在课堂上，他吟诗一首，我记得第一句：“堪诗作画老东堂”，后边不记得了。数学老师是位很有经验的老师，他上课有个习惯，先讲一个定理，之后出一道题让全班同学做，做完之后他来打分，同学们就纷纷做题比赛，谁先做好，这个评分将作为学习期成绩评分的一部分。有节化学课做实习，有一次老师教我们做雪花膏，大家非常喜欢。还有一门是生理卫生，是位男老师，姓于，讲得非常好。一旦讲到不好意思的字眼的时候，他就看着天花板，不敢看学生。听我姐说：她说是在女校教书时养成的习惯，外号“于望天”（我姐在附近慕贞中学读书，生理卫生课是同一个老师）。还有一堂课是劳作课（老师姓何，外号泥人何，自吹自擂：汇文有一句叫“英汉算劳作”，可以看出他对自己的艺术有多么地热爱）。我记得我做了六个小人儿头，用颜色画成了六个京剧脸谱，老师非常喜欢，表扬了我。可最后，这六个小人儿头老师竟然没还给我，收为己有。嗯！看来我做得真不错!

活跃的课外活动

除了上课以外，学校的课外活动也很丰富，有合唱团、口琴队、民乐队、京剧团、话剧团等。我参加了合唱团和京剧团。合唱团教我们唱的歌：“你拿刀，我拿枪，不让鬼子进村庄……”老师名叫李坚。京剧团搞得也热火朝天，大都是京剧演员和票友的子弟，大都会唱会教，会开打还会身段。团长叫金辉，他是唱花脸的，可以演《芦花荡里的张飞》。当时我才 13 岁，是最小的一个，嗓子还没变声。在复校运动晚会里，我扮演贺后骂殿里的潘洪。由于第一次上台演出，上台后发现脚步迈不出去，原来裤子掉了，老师赶紧过来帮我把裤子提上了，算是化解了尴尬。后来一出《失空斩》，我演张郃，开打一二三！只有一句台词“报与都督知道”。他们还教过我：起霸、走边、身段等。总的来说，京剧团还是很火热的。

艰苦生活

学校生活是艰苦的但也很简单，当时吃饭，每天主食就是窝头。早上两个，两碗粥；中午四个；晚上四个；每天十个窝头，但是吃得很饱，喝的就是自来水。洗澡就用地下室的水龙头，四季都是凉水。有一年冬天放假，打算洗个澡回家，我穿着棉衣到了地下室，衣服一件件地脱掉，用刺骨的凉水一点一点擦在身上，等慢慢地适应温度后再用水冲洗。洗好后就回家过年了。就这样过了 5 年，虽然条件艰苦，但好处就是没生过一次病。穿得更是简单，夏天就是背心裤衩，冬天穿母亲给我做的棉袍。

有一年夏天，我到慕贞中学去看我姐姐，那里的会客室是玻璃的，大落地窗。姐姐的同学通过大落地窗看见我后通知了姐姐："你弟弟来了，你弟弟好黑啊，好像黑人牙膏。"

汇文中学开饭不是敲钟而是打梆子，同学们一听梆子响争先恐后去吃饭，有个罐子里是菜汤，桌子上八个碟子，每人一份菜。有时候同学出去玩，每人就拿一个窝头切成片，晾干，放在书包里，这就是我们野餐的食品了。记得有一次，父亲来看我，带了很多包子，我一口气吃了十几个，撑得走不动路了。后来等父亲走了之后，学校的楼梯都被我反复走了好几遍，才终于把包子都消化了。这段时间里，姐姐对我很是关怀，经常会给我送各种吃的，还把我的衣服拿去洗了再送来，冬天姐姐还送来了她织的毛衣，在这种清苦的环境下得到姐姐无微不至的关怀真的很幸运。

学校管理很严格，只有周六下午和周日才能出校，但不能夜不归宿，不然会依校规记大过两次，三次就要开除了。宿舍每晚 7 点开始晚自习，房门打开，老师在楼道里来回巡查，监督晚自习。自习结束后才能熄灯睡觉。

参加学运

1946 年到 1947 年，汇文中学的学生运动开展得轰轰烈烈。

活动的高潮是竞选学生会，当时有三个组织参加竞选。一个是以国民党、三青团为骨干的组织，实力很强；一个是群众组织，老百姓竞选团；还有一个就是群众最拥护的党组织领导下的竞选团。选举以投票形式，结果不负众望，党组织的竞选团高票得选。记得那时学生会经常晚上组织我们在体育馆开会。当时学生会代表讲话，讲得道理充分，态度和蔼，备受群众拥护。

我当时的思想比较单纯，日本投降后，人民欢呼雀跃，没过多久物价飞涨，前来帮助我们的友军每天出入酒吧间，各个醉醺醺，乌烟瘴气。常见到美国兵抱着中国女孩躺在黄包车上，我和同学们看了，各个义愤填膺。不久后爆发了全国震惊的"沈崇事件"，出事地点就在我们附近东单练兵场，美国兵强奸了北大学生沈崇，激起了全国人民的愤怒，我参加了"6・2 反饥饿，要和平"游行；参加了卖助学章的活动和罢课活动。有时候食堂因罢工停伙，我只能到崇文门外买块地瓜，吃碗老豆腐充饥。

参加这些学生运动后，我的思想受到很大的教育。但是也耽误了功课，没参加期中考试。第二年开学只能重新补考，我就这样被分到了丁班，一个学期后回到乙班。

1949 年北平解放，10 月 1 日我参加了庆祝开国大典的队伍。目睹了新中国的成立，聆听了毛主席宣布新中国成立的声音，我们坐在天安门外的草地上，那时天安门外还有红墙包围，地方很窄。

占世界人口四分之一的中华民族开天辟地地走进了人民当家做主的新纪元！

我的同学教育专家李学勤（左）

考进中戏

幸喜成为中戏人　恰似鲤鱼跳龙门

1949年冬，新中国刚刚建立，全国出现一派欣欣向荣的建设高潮。各行各业、各个单位都在招兵买马。记得当时有华北大学、革命大学、南下服务团等都在招人，我当时想读完高中考大学，所以没去报名。突然见到报上登出中央戏剧学院招生广告，这一下子我沉不住气了，心想：这是我国戏剧专业的最高学府，这对一个小戏迷来说，确是一个最好的机会，不妨一试。

当时有六个同学也想报考中戏，我们还请了一位对文艺稍有研究的地理老师为我们辅导。因公布的考试简章里有一项是自编小品表演，我们编了一个小品，表演给老师看，在老师指导下，经过一段准备之后我们就去应试了。不久发榜，只考取了两个人，我和一位叫吴树昌的同学被录取，我非常高兴，也没与父母商量毅然决然地去报到了。告别了汇文中学，事后才知道，汇文中学曾通知我下学期可免去我三分之二学杂宿费，这是汇文鼓励学生好好学习的手段，学习成绩平均80分以上可申请免去一部分学杂宿费，我的申请被批准了，可这时我只有不无遗憾地放弃了。到中戏报到后，才写信告诉父亲，父亲这时也只有同意我进中戏了。

学院概况

中戏前身是由东北鲁艺、华大三部和南京剧专这三个单位合并组建成立的中央戏剧学院，院长欧阳予倩先生是毛主席亲自写信从香港请回来的一位德高望重的艺术家。他是一位杰出的电影、舞蹈、戏剧教育家，1907年参加我国最早的春柳社，1914年在上海组织春柳社剧场，创作第一部话剧《运动力》。1916年后成为京剧演员，有“南欧北梅”中的“南欧”之称誉。1926年后又参加南国社，开始电影编、导、演的工作，成为我国电影事业的先驱。学院的副院长是著名剧作家曹禺，还有一个副院长是评论家张庚，教务长是光未然（黄河大合唱的词作者）。我们的班主任是表演艺术家蔡松龄老师。学校为了及时满足社会的需要，把学制压缩为一年，要把几年的学习内容都浓缩在一年里完成，本来要上13门课程，包括政治、演技训练、表演理论、文艺讲座、戏剧概论、国文、舞台技术、视唱、台词、化装、舞蹈、腰鼓、发声等。入学后，有一种与汇文中学完全不同的感觉。班上有协理员专门做思想工作，我感到老师干部都非常热情地欢迎我们新生，关心我们的生活，好似到了家一样地，让我们体会到革命大家庭的温暖。条件是十分艰苦的，几十个男生住在一间大教室里，这里有北京人，有外地人，还有外国人，有泰国的、印尼的、印度的。和我床铺最近的就是一个来自印度加尔哥达的，中文名叫黄其发。因为不少年轻人看到新中国成立了，都充满激情地回国读书。吃饭时我们每个小组发了一个饭桶，轮流派人到厨房打菜，坐在学校分发的马扎凳上围成一圈用餐，伙食还不错，比汇文中学好。

学习与观摩

我最感兴趣的是艺术讲座。老校长视野相当开阔，每周都请来一些专家学者来院授课，学校有一个简陋的大礼堂，届时院属所有单位都来听课。当时歌剧团（现在的中央歌剧院）、话剧团（现在的北京人艺）、歌舞团（现在的中央歌舞团）等单位均隶属于中戏，所以气氛很热闹。报告前还要拉歌，当时歌剧团坐在前边的就是郭兰英，有时大家就会喊："郭兰英来一个！郭兰英来一个！"有时大家一起唱。记得来讲座的专家有戏剧家焦菊隐、马燕祥，电影家陈荒煤，文学家黄药眠，诗人光未然，剧作家曹禺，新闻家范长江等。作为一个中学生，我能聆听到这么多位专家学者讲课使我受益匪浅，我就如饥似渴地，不漏一字地记下笔记日后慢慢学习消化。

表演课主要是按照苏联史丹尼斯拉夫斯基表演体系，从注意力集中到后边一个一个的单元进行讲授。记得在表演无视物练习时，我表演了一段我在参加"反饥饿，要和平"学生运动的时候在街上推销助学章的经历。根据这一段经历进行一个人的表演，因为是无视物表演，所以场景人物都在心里，但表演却要求是活生生的情景再现，通过表演使观众真正感受人物事物的真实存在，从眼神以及表情的变化能知道对方人物的态度。后来全班选出了十个典型给大家表演，我是其中一个。通过此训练激发了我对歌剧更大的兴趣！

其中政治课是学社会发展史。

音乐课有音乐欣赏课、声乐课，当时教我的老师是肖晴（女）。

还有腰鼓、秧歌都是要学的。老师是张斗云，教得非常认真。每到重大节日我们秧歌队要穿好表演服装，化好装，手舞红绸，边走边舞，从棉花胡同到天安门参加大会。记得那天是五一节，中间还下了场雨，衣服都湿了，开完大会又顶着雨回到了棉花胡同。

院里还经常请名人来表演，比如相声大师侯宝林、京剧名角贯大元，还有苏联舞蹈家乌娜洛娃来院表演双人舞。还有戴爱莲老师表演独舞，有时整队步行到剧院去观摩演出。院内部的文化活动也很频繁，记得有歌剧院郭兰英表演的《王大娘赶集》，王昆演出的《全家光荣》，还有《夫妻识字》等剧目。

当时歌剧院正在上演《白毛女》，我们都观看了。这些节目都深深地把我吸引，使我爱上了这样又歌又舞充满生机的歌剧。后来还看过一个小歌剧叫《好军属》，是前民同志主演的。他演一位农民叫二大伯，这出戏里，前民同志吸收了戏曲写意的手法，譬如赶牛、犁田、手举鞭子等做出赶牛的姿势，加上合唱，把一个赶牛犁地的场面表现得活灵活现，引起观众热烈的掌声。这个戏的曲作者是陈紫同志。曲调好听上口，给我留下深刻印象。后来到了西艺，我也演出了这出戏，完全按照前民同志的表演手法，依法炮制，效果还不错。记得有一次听到一位从国外回来的男中音歌唱家陈旋演唱。我们还常听到蓝天野同志精彩的诗歌朗诵。院里还经常组织联欢晚会，组织各个部门出节目。记得有一次联欢，戴爱莲老师找我们几个同学去跳一个藏族舞，歌是这样唱的：哪里来的骆驼客啊撒里哄吧也……动作虽然简单，但是对我这个舞盲来说，着实费了些力气，但最终还是圆满地完成了任务。

1950 年暑假期间，学校安排我们到工厂体验生活，记得我和张慕芹等同学到星河水泥厂帮助工人开展文化活动。我们教他们唱歌，歌词有这么两句：“两只刚铁手，真是无价宝……”

一个月以后又回到学校，此时我已经光荣地加入了共青团。

毕业演出的前前后后

临毕业时，班上安排了几个短剧，作为结业向全院汇报演出。其中有《民主青年进行曲》片段；有两个独幕话剧，一个是《把眼光放远一点》，另一个是《反翻把斗争》；还有一个独幕小歌剧名叫《新条件》，是学院创作室创作的，曲作者是刘炽。本戏的男演员由我来扮演，是描写农村青年婚姻自由的一个故事，导演是一个女的，叫李肖。虽然节目的排练时间不长，但我们也安排去了海淀区农村体验生活。对我来说，既高兴又感到了颇大的压力。第一次上台表演，激动夹杂着压力再加上用嗓的技巧还不足，但是在导演和同志们的帮助和鼓励下，登上了舞台。院里的关怀无微不至，当我走进服装间时，得知坐在缝纫机旁边工作的是院长夫人，她亲自为我们青年学子加工演出服装，我一看这位夫人还是一位缠过足的老人。不由想到我们的欧阳院长，他是一位全国有名的艺术大师，而且还是一个情操高尚的长者！我不由地对欧阳院长和这位夫人肃然起敬。

首次演出那天，院领导和歌剧团演员们非常关心我们，都到后台来看我们。我的装则是前民同志亲手帮我画的。总之这次演出还是颇为紧张的，我虽然对演出不是很满意，但是在我的心里却种下了歌剧的种子，以至之后的生根发芽和我的歌剧人生。演出结束后老院长、院领导、部领导和我们一起合影留念（见插图）并颁发了学院文凭。

紧接着毕业典礼，紧紧张张的一年学习时间就过去了，18 岁的我就像扛着枪的士兵，并有着十八般武艺，就等着一声令下冲到战场大干一番，所谓激情万丈！

这时外地来了等着要人的单位，我们也等待着到能够让我们施展拳脚的新天地。终于，领导宣布我和其他 9 名同志被分配到西南，当时也不知道什么单位，我负责带着大家的档案，就这样离开母校踏上了征途。

有幸考进中戏门
使我美梦变成真
不忘母校培育恩

争做剧坛接班人

京话剧《年糕记》的由来

这是我中戏老同学大师兄——林连昆同志为参加母校建院50周年大庆而组织我们老同学排演的一幕京话剧，名字叫《年糕记》。通过剧中的故事，主要说明对当前出现的“有钱能使鬼推磨”和文艺界“见利忘艺”，通过以古讽今的手法进行鞭笞。林连昆是这样说的，我们不是演出，只是学习，《老来子》在高堂面前的耍戏，只是像孩子一样告诉母亲，我们永远爱你，亲爱的母校。

我是接到林连昆大师兄的通知，怀着对母校50年的思念来到了北京。林连昆亲自来接我到了他家，他知道我退休后喜欢京剧，是一名京剧票友，所以安排我在《年糕记》里扮演包公。老同学见面很是激动，50年前的情景又涌入眼前。在与同学们亲热的接触中，愉快地、认真地进行排练。顺利地在学校礼堂进行了两场成功的演出，虽然没有音响设备，但台上台下还是挤满了新老同学。演出受到了同学们的欢迎和鼓励。前院长徐孝坤和现任王院长都接见了我们，并和我们共进晚餐，并说这些都是70岁以上的老演员，还能够这么成功地演出，并且没有音响设备，反映还这么好，这都是有功底的。

大师兄林连昆演了一个暴发户，戏份多，并且还要组织这一次所有的排练和演出工作，任务很繁重，他在排练演出中精神饱满、声音洪亮，未承想在一次跟剧组拍戏过程中摔倒，因当时无人发现导致脑中风，几经医治，反反复复。在与病魔的斗争中，他以超出常人的毅力进行康复锻炼，但是最后还是永远地离开了我们！遗憾！可惜！在他身上我们看到了正义、看到了对事业的执着和不求回报的付出，给我们留下了光辉形象，一路走好！

纪念林连昆

母校华诞五十春
桃李芬芳遍乾坤
似戏非戏《年糕记》
表我全班一片心

独幕歌剧《新条件》扮春生

1961 年中央戏剧学院毕业照

“无事物练习”的表演

新编历史京话剧
年糕記
庆祝中央戏剧学院
建院五十周年
50届普通科同学
演 出

我与林连昆（右）

《年糕记》全体人员

《年糕记》演出

徐孝坤前任院长接见演员

告别中戏到西南　走进歌剧伊甸园

1951年元月，我告别中戏。由部队派来的江涛同志，带领我们中戏的几位同学起程奔赴大西南。学院把九个人的档案交给我随身携带。乘火车第一站到了武汉，住在兵站。第二天乘“荆门”号轮船奔重庆，我是第一次乘船，见到两岸无限风光很是激动。十几年来我一直生长在北方平原，见到这茂密的青山、滔滔的江水，有点目不暇接。记得到了巫山停船后我下了船，一口气跑到巫山上。见到这里的梯田、竹楼，老乡的衣着与北方都大不一样。

在船上同学们一路说说笑笑，一点也不寂寞。船上的生活也很惬意，伙食也很好。那时船票里是包含伙食费的，每餐是一份盖浇饭，荤素搭配，味道甚好。有一种绿色的菜吃起来很香，以前没见过，菜也好吃，做得也好，后来一打听这个菜叫油菜薹，在北京从来没吃过的。江涛同志是个老干部，对我们很和气，听说是战斗文工团的副团长，在船上他曾经问我愿不愿意到部队来工作。那时九个同学当中有六个分配到空军成都指挥部文工团，有三个人分配到重庆西南人民艺术学院剧团。我回答：“还是想留在重庆，因为我喜欢歌剧，这里是演歌剧的团体。”五天后到了重庆大码头——朝天门，一眼望去很是壮观，这里是长江和嘉陵江的汇合点。下船的人流行走在浮桥上，再爬一个很高的台阶。部队的同志把我们接到了另一个兵在的所在地在嘉陵新村。远处传来爆破声，原来是正在修建大礼堂。第二天，与江涛和六位同学告别，我和李荣东、黄慧娴三人乘车到九龙坡黄桷坪，找到了西南人民艺术学院，到办公楼报到。接待我们的是一位精干的中年女同志叫肖孟，是人事处处长。我把档案交给她，她看了以后问了问我们的情况，决定把我们三人安排在实验剧团。她带我们到了剧团，见了副团长马惠文。把我和李荣东安排在两个班里，黄慧娴安排到另外一个地方的女生班里。安排了住房。我的班长叫白文凰，山西人，是从山西的部队进军西南来到重庆的。我一进宿舍，见到窗棂上摆了几个手榴弹，吓了一跳，这玩意儿掉下来还得了啊？原来他们才从部队转业到地方，因为刚刚解放，社会还不是很安定。后来班长还安排我夜里站岗，给我一支38式步枪和两颗子弹。我感到这简直就是军队啊！壮着胆子值了一班岗，一切平安无事。

团里每天晚上都要全体集合，在教室里练歌，我也跟着去了。团里向大家介绍了我们三个新来的同志，大家表示欢迎，并要求我来一段，我就来了一段《借东风》，真有点像新兵入伍的感觉。很快就和大家打成了一片。

首看歌剧《刘胡兰》　受到激励和震撼

第一次看到《刘胡兰》的演出，原来这个戏是在西安排练的，随部队进军到了成都，曾多次演出。我们团团长刘莲池参加《刘胡兰》的编剧，曾在首届文代会进京演出，扮演了剧中地主石三海。他就是实验剧团《刘胡兰》的导演。他派我在剧中担任解放军机枪手，在排练时有一场是刘胡兰对地主石三海的一段唱段，词：石三海你过去当会长……这段每次唱响，我的耳朵都感到一阵阵特殊的震动。这名演刘胡兰的演员叫翟秋芳，是团里的主要演员，这是第一次看见她排戏，感到很震惊，嗓音如此突出的演员竟在我们团里。她与匪连长外号“大胡子”英勇就义的一场戏非常激动人心！一个十几岁的姑娘面对匪连长的铡刀，浑身是胆的英雄气概加上响亮的歌声，表现了巾帼英雄的钢铁意志，也表现了年轻的共产党员不畏牺牲、敢于斗争的凛然正气！看到这里，我由衷地敬佩，我被她生动的表演所折服！想起了毛主席的题词“生的伟大，死的光荣”。

一出小戏《光荣灯》　王二嫂歌声响山城

后来团里决定排练几个小歌剧，第一个是《光荣灯》，这是一个发生在东北的故事，描写一个东北农村土改后翻了身的妇女王二嫂，丈夫去参了军，村长、主任和乡亲们给军属拜年，同时送来了两盏大灯笼和一块上写着“全家光荣”的大牌匾。剧中音乐运用东北二人转的曲调编写而成。王二嫂由翟秋芳扮演，开幕前有一段打击乐和唢呐锣鼓喧天的前奏曲，造成一个热闹的气氛。王二嫂走着碎步闪亮登场，第一句唱词是“王二嫂我这里笑容满面”，她那清脆的嗓音、悦耳的旋律，加上优美的身段和满面春风的神色，一下来了个碰头好，全场响起热烈的掌声。

这个小戏里我演了一个举灯人，另外一个演员孙滨也举一个灯，村长和主任出场之前有两盏大灯笼和一个大牌匾先出场，锣鼓声中村长、主任出场，造成一个热烈的气氛。我和孙滨两人举灯，均以饱满的热情碎步出场。站在两边。每次出场都有热烈的掌声。记得在南京演出中我和孙滨一跑上去，由于用力过猛加之地板稍滑，结结实实地摔了一跤，好在身手灵活迅速站起，可见我们扮演群众角色如此卖力，演员的热情和观众的掌声形成一个热烈的气氛。后来，这出小戏无论是下乡、下部队、去朝鲜、到边疆、到上海、到南京，都收到很好的效果，可以说是享誉大西南，一部小歌剧竟演出 500 余场。

庆祝成渝通火车　排个节目来祝贺

1952 年夏，我和秋芳排过一个演唱小节目，叫《成渝路通车》，是歌颂重庆到成都自古以来第一条铁路通车的故事。团里的副团长栗茂章写词，配湖北《打鱼船》的调子，为庆祝七一通车而作。我和秋芳首次合作演一对渔民夫妻，还有两位同志演女性渔民。四个人通过边划船边唱的形式，用四川方言来介绍四川各地的特产。开场我有几句川话对白：七月一好欢喜，今天到有两大喜，中国共产党过生日，成渝路举行通车礼。我这个外地人总算是完成了方言对白的任务。

那时秋芳刚刚参加完市一级的机关运动会回来，身穿 T 恤衫上写着“西南一级机关”字样。

小节目只有十来分钟，可对与秋芳合作的印象一直在我心中闪动。

学演老头二大伯　初露锋芒上舞台

《好军属》是我们从北京带来的小歌剧，这个戏是写一个老大爷叫二大伯，拥军拥属的故事。他为一家军属帮忙犁田。因为儿子参军，家里只有母亲和妻子，家里缺少劳动力，二大伯就帮她们下地干活。大娘和儿媳表示不想劳累二大伯帮自己干活，二大伯热情地想帮她们干活，争执不下，二人便合力下地犁田，掀起了一个二人劳动的热烈场面。此时音乐合唱加入场面更加热烈，曲作家陈紫的曲子好听，与剧情结合紧凑。还有一段两位老人夸奖儿媳妇的唱段也非常动人。我演的这个二大伯是在北京看戏的时候，前民同志演的二大伯，非常感人。当时他一出场，唱：“庄户主使好牛。”此时鞭子一响，唱：“一夜三碗油。”另外犁田的动作演得也很活，我就效仿前民同志的戏，做了鞭子，动作上也借鉴了前民同志的演出，演出效果非常好。后来到朝鲜、边疆公演，观众们非常喜欢。

中戏毕业到四川
秋芳正演刘胡兰
飒爽英姿浑身胆
腥风血雨斗敌顽
有幸进了实验团
恰似歌剧大家园

《光荣灯》王二嫂扮演者翟秋芳（左）

我和老伴

台上搭档台下伴　风雨同舟60年

结婚60周年（钻石婚）纪念照

1951年我走进西南人民艺术学院实验剧团，看了歌剧《刘胡兰》之后就认识了这位刘胡兰的扮演者翟秋芳同志，对她扮演的刘胡兰十分敬佩，印象深刻。后来在排小歌剧《光荣灯》时，我在戏里扮演举灯人，这部戏是继《刘胡兰》之后又一个亮点，翟秋芳扮演的角色叫王二嫂。

我一想，我就是排行老二啊，弟弟妹妹叫我二哥，我又姓王，这不是天意吗？后来每次听到她唱"王二嫂我这里笑容满面"我就一边欣赏她的优美唱腔，一边心里想：王二哥我心里欢乐开怀哈哈哈哈！每演到这里我都很开心，演一次我高兴一次。1953年，我俩又合作了歌剧《小女婿》。

合作中，发现秋芳对演出事业非常认真执着，如在《小女婿》中第五场大段的演唱中，她身临其境般地唱出了香草对婚姻问题的复杂和矛盾的心情。再如第六场在洞房里，当她见到自己的女婿才11岁时的那段歌词：杨香草在洞房，思想沉沉，又是愁，又是恨，又是伤心……表现了在她不幸的遭遇中真切的痛苦感受，这一切作为演员的我感到很受启发，心中涌动的爱慕之情不断升温。

她热爱歌剧、喜欢戏曲，在她童年时也曾有过为了看戏钻进席棚里的经历。她对秦腔从小就喜欢，后来看了河南梆子，也接触了河北梆子、京剧、评剧，来了四川看到了川剧，她都很喜爱。因为共识颇多，见面后就是互相探讨交流，津津乐道，没完没了。记得有一次，一位演田喜母亲的老同事看我们边化装，边不停地说话，就善意地问我，你们为什么有那么多的话要说啊？我们只有笑而不答。

从性格上看，秋芳是个心直口快、倔强，具有老陕作风的人，但又是一个细致、认真、有耐心的女同志，我呢就是比较喜欢思考，有些优柔寡断，有办事粗枝大叶的缺点，二人结合有优势互补的作用，总之她是我志同道合的红颜知己。尽管如此，越是感到她的优秀，就越感到自愧不如，越感到她的性格倔强，越怕遭到拒绝，所以始终也没敢向她开口表达自己内心的爱慕之情。直到我们一起看了一场演出，从节目中受到启发才有了表白的勇气。

1953年，重庆来了一个苏联艺术家小型演出团，在重庆运输电影院演出，其中一位歌唱家叫贝布托夫。演唱的歌曲有《莫斯科北京》等。还有一位木偶戏专家叫奥布拉兹佐夫，晚会主持人是著名戏剧家孙维世，院里派翟秋芳和孙滨两个同事给演出献花。在木偶戏的演出中有一个节目，大意是“谈恋爱要及时，不可错失良机”，看了后我震动很大。心想，虽然我们双方都印象不错，也很谈得来，可是久久不去摊牌，万一别人捷足先登我就后悔晚矣！所以我下定决心一表心扉，就在几天之后的一个晚上演出结束之后，我俩回到剧院，在我住处的楼下，趁天黑壮胆，鼓足了勇气表达了我的爱慕之情，秋芳也很激动，在她默许之后，我们就“握手言欢”，从此我们进入了恋爱阶段。接着就是紧张繁重的演出活动。

赴边疆到朝鲜千里万里共婵娟　共尝舞台百般苦赢得观众万人欢

1955年结束漫长的巡回演出后，1956年我又参加多幕歌剧《漳河湾》，我演剧中的男一号刘旭东，剧组公演后到万县演出，这时秋芳奉命参加陈毅元帅率领的中央访问团赴西藏成立自治区筹委会。在演出工作中担任独唱，曾到过拉萨、日喀则等地演出。到10月返渝，这时我俩商定在11月22日举办婚礼，同时还有两对夫妻一同举办，其实那时的婚礼十分简单。

一间房一张床招待同志一包糖

同志们来祝贺我高高兴兴娶秋芳

我们的结婚照

結婚證

王靖寰 男 二四歲 河北省安次縣人

翟秋芳 女 二四歲 山西省永濟縣人

雙方自願結婚核與中華人民共和國婚姻法關於結婚之規定相合此證

重慶市市中區人民政府 區長

婚姻登記經辦人

一九五六年十一月廿二日

结婚证

与父母兄弟的全家福

歌剧《漳河湾》剧照

1956年，单位组织照了回家探亲集体照。同年，我还演出了大型歌剧《漳河湾》，我演男一号刘旭东的剧组曾到万县（现在的万州市）演出。

此后我又与秋芳合作主演三部大歌剧：1957年的《草原之歌》，1960年的《柯山红日》，1961年的《洪湖赤卫队》。此间还演了大型歌剧《红珊瑚》，我演麻副官和《江姐》中的徐鹏飞。1962年，三台大歌剧赴蓉演出，受到成都观众的热烈欢迎。

《柯山红日》剧照　我扮演杨帆

歌剧《草原之歌》

歌剧《草原之歌》扮演阿布札

《洪湖赤卫队》剧照

歌剧《洪湖赤卫队》中扮刘闯

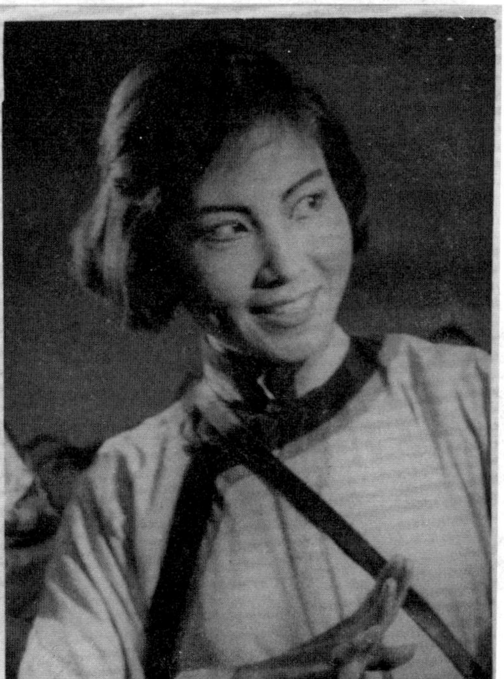

《洪湖赤卫队》翟秋芳扮演韩英

秋芳喜生三个娃　吃苦耐劳好妈妈

婚后，我们参加了大型歌剧《草原之歌》的排练，我们两个分别担任男女主角，她扮演依错加，我演阿布扎。1957 年 5 月在人民剧场上演，这时秋芳已经怀有身孕，人民剧场演出结束后准备到川北川南一代演出，秋芳就留在家里休息了。我随队在成都和乐山、宜宾、自贡一带巡回演出。当我回到重庆的时候，我们的第一个孩子已经两个多月大了。

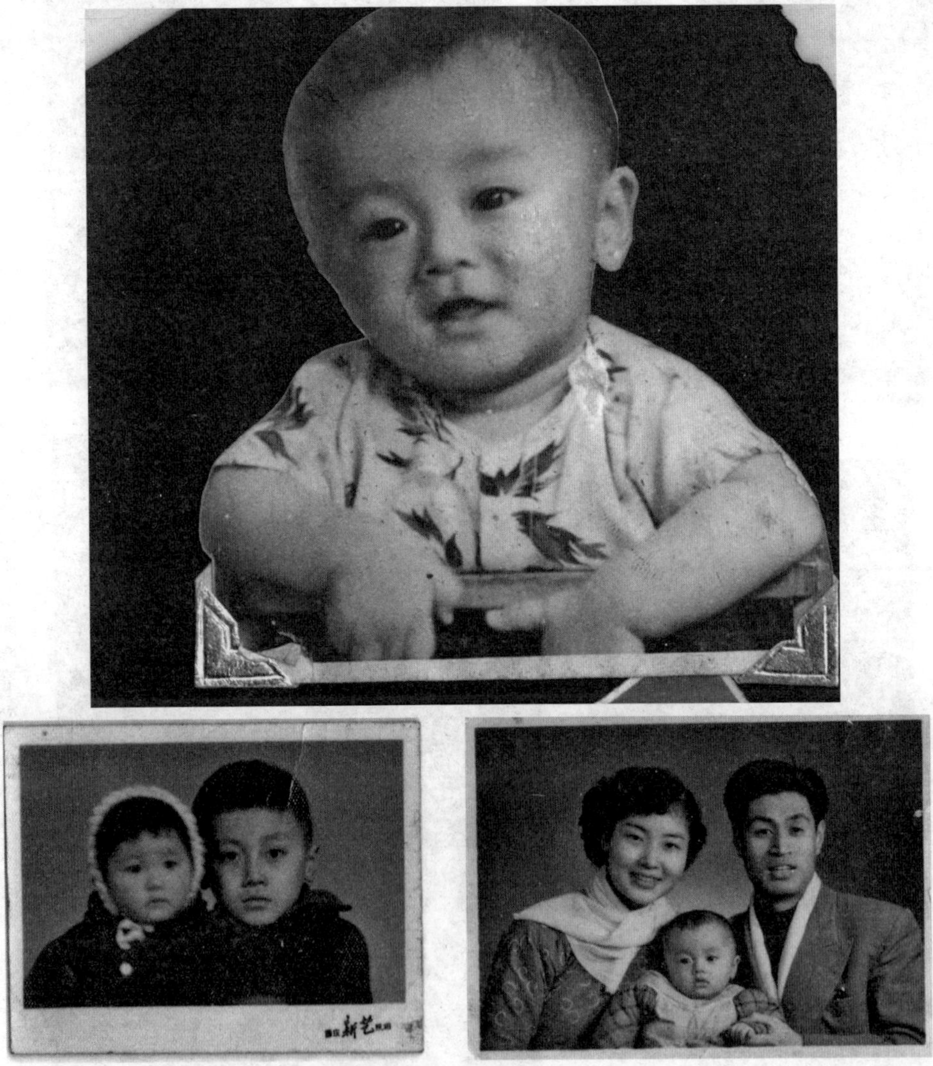

大儿子王锐

1957年10月16日在市人民第三医院秋芳生下了我们的第一个孩子，男孩王锐。好在秋芳的母亲从西安来到重庆照看秋芳，分娩时是院里派的车去的第三医院，总算母子平安健康，但毕竟是第一胎，在秋芳分娩的重要时候我却不在，感到很遗憾！

1965年，我奉命去越南参加抗美援越，但这时已知道秋芳已再次怀孕，但是由于任务紧迫，不便请假，二来我自己也希望参加这次任务进行锻炼，秋芳也十分支持我，这样就再一次留下秋芳，又要独自承受分娩之苦。实际上在我心里，她在家独自分娩的危险程度超过我在越南前线！当我回到重庆，大儿子抱着我的第二个宝贝王越给我看时，她已经十个月大了！

妻子翟秋芳与小女儿王欣

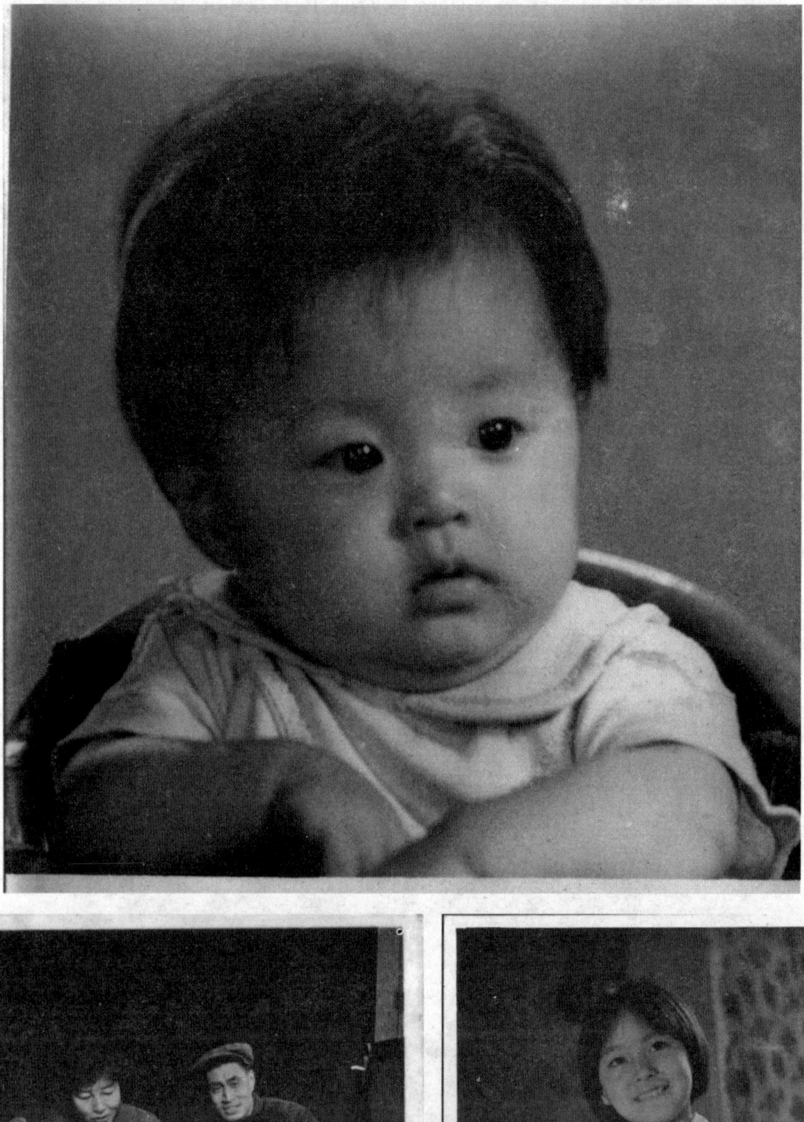

大女儿王越

我与妻子和长子王锐与大女儿王越

王越

大女儿王越

“文化大革命”如火如荼的1969年，秋芳怀上了第三个宝贝王欣。当时我们两个都在团办的毛泽东思想学习班，住在人民剧场，吃住都不能回家，供应也比较紧张，当时小孩怕缺钙，只能用鸡蛋壳砸成粉末用水喝下来补钙。中间有个小插曲，当时借了一个砸鸡蛋壳的盅钵，万万没想到那个盅钵是人家用来砸辣椒面的，我因为不知道就稀里糊涂地砸了鸡蛋壳，秋芳是一点辣都吃不得的，这下可好了，含着对她来说其辣无比的鸡蛋壳粉末，吐也不是，吞了又辣，但是为能给王欣补一点钙，她竟然吞了对她来说辣就是毒药的辣椒鸡蛋壳粉末！

1969年年初，全团同志集中在煤校毛泽东思想学习班，来了个师级干部担任学习班负责人。4月18号由于秋芳要分娩，我想请假但是没有批准，急得我团团转，就在这时秋芳临盆在即，团里留守的吴长碧同志陪秋芳步行到附二院，但是途中就已经发作。到了医院根本没有病房，最后只能在门诊部的桌子上生下了我的第三个宝贝王欣。由于没有病房，生了孩子后她们就只能回家休养。回家要经过一道很窄的楼梯，由于刚刚生产完身体极为虚弱，上楼是非常艰难的，大家虽然想了办法用木板抬上楼，但是由于楼梯太过狭窄，根本行不通。无奈只有她自己一步一步地挪上楼，上楼之后已经非常虚弱，虽然请了保姆，但是保姆晚上是需要回家休息的，家里就只有十岁大儿子王锐和三岁大女儿王越，王越当时正在出麻疹，痒得忍不住一直在哭，当时虚弱的秋芳只能把刚刚产下的孩子放在床上，自己艰难地下床为王越找药止痒，懂事的大儿子煮了一碗面汤，晃晃悠悠地端着准备给妈妈吃，可能是由于烫手了，一锅面汤都洒到地上了，正如屋漏又逢连夜雨，行船又遇顶头风。秋芳忍着巨大痛苦，冷静地处理好身边一个个难题，挨过了这最难熬的几个日日夜夜，第二天听说有人来看秋芳，传达室把人带到家里一看，原来是秋芳在 1951 年土改时在接龙认识的一个青年农民，叫白凯，十几岁，秋芳教他打算盘，培养他成了记分员。几十年都没见过面了。他打听到秋芳的住址后来看她。一见她躺在床上，刚生了小孩，没出声便走了出去，没一会儿提着一只老母鸡回来了，原来他已经是巴县某银行的行长了。一个星期后我才从学习班回来。每当我想到此事心里都很沉重，可秋芳从未埋怨过一句，也从未有过责怪。

小女儿王欣

我的两个女儿

小女儿王欣

互相关爱三冬暖　和谐之家苦变甜

虽然我们在 1956 年 11 月 22 日结了婚，但由于演出安排较多，吃饭在食堂，演出在剧场，所以生活变化不大。可自从有了孩子，情况就大不一样了，秋芳特别喜欢孩子，给孩子的生活安排特别地细致认真，属于生活上的活儿她都能干，堪称是个巧姑娘，比如天气凉了需要毛衣，全家 5 口毛衣都是出自她一人之手，特别是对两位姑娘关爱有加，织什么颜色的毛衣，设计什么款式，每件都很精心。每到春节，两位千金穿上颜色鲜艳的毛衣走在团里特别突出。有一年临近寒冬，秋芳在百货商店买了一条红色毛毯，回来后亲自设计裁剪缝纫，一条毛毯变成了两件漂亮的红色大衣，胸前还有花朵搭配，既温暖又漂亮。这在那个物资短缺的年代里，着实有些奢侈。

两个女儿穿的秋芳用毛毯做的红大衣

1964年，全团下乡去搞“四清”，要在乡下工作半年以上。秋芳把我一件双层的雨衣里边填上了棉花并加了毛领，连夜做完，我穿上以后来到白市驿海螺大队搞“四清”，老乡们看着我穿的大衣说，看这个人肯定是大头头，可见秋芳想得周到，手艺高超。

秋芳对孩子们的发育成长也十分关心，常去大阳沟菜市场买些鱼给孩子们吃。一到过年的时候还给孩子们做些面食，把面做成动物形状，孩子们很爱吃。孩子们端着碗跟在妈妈后面等着吃，为春节增添了许多年味。记得在一个冬天，正在演出样板戏舞剧《红色娘子军》，我参加了伴唱。所以晚上我在食堂领了一碗夜餐炸酱面（我端到家里之后吃了两口，叫秋芳尝尝，秋芳没吃就给了儿子王锐，王锐吃了两口又给了旁边的王越，王越吃了两口又急急忙忙叫起了正要睡觉的小妹妹王欣：快起来吃炸酱面了！王欣吃了几口又交给了姐姐。当时我想这真的是懂事的孩子们）。秋芳对孩子们学习上也是十分的关心和帮助，为每个人都买了《新华字典》，让孩子们有自己查字典的能力和习惯。一到周末只要没有演出都会带孩子们去公园玩，有时去鹅岭公园看看两江风貌，有时过江会捞几只蝌蚪放在瓶子里给孩子们，孩子们非常开心。

一家人畅游鹅岭公园

与儿女的全家福

两个女儿由于经常在团里看排练《娘子军》《白毛女》，回家后自己也效仿着跳舞。穿上舞鞋甚至还带着头套学跳《白毛女》，两个人表演给我们看。王越还参加过向阳院的演出，独唱了《红星照我去战斗》。王欣跳了舞蹈《阿瓦人民唱新歌》，后来被北京舞蹈学院的许淑英教授看中，就考进了北京舞蹈学院。两个人常常在家给我们表演，我和秋芳就是观众，为她们鼓掌加油。并且不能偏向，不然她们会不高兴！

直到2016年11月我们老两口钻石婚庆典上，她们姐妹两个还表演了二重唱《小山鹰飞得高》，又唱又跳好不开心！

锻炼陪我一生　从小培养习性

在小学一次毕业集会时，我昏倒了，醒来时有两位老师站在旁边，说可能是贫血，老师掐了我的人中，擦了万金油我就好了。后来在朝鲜的一次演出中，由于是露天剧场，太阳又足，在唱大合唱的时候，我又昏倒了一次。部队同志也跟我说有可能是贫血，记得当时他叫我喝葡萄酒。从这以后我觉得应该加强锻炼，我的工作没有强壮的身体是不行的。本来我也喜欢体育，但只是出于兴趣没有下很大的功夫，没有坚持有序的锻炼，住在八一路的30年里我就比较好地坚持锻炼了，一个是有好的运动条件，我们这儿有大大的运动场，能打篮球、羽毛球、单双杠，团里又有一位部队上来的老同志王则明，他对体育锻炼重视有加，自己喜欢打羽毛球，还为儿童办了羽毛球训练班，经常举办羽毛球、篮球比赛，他既是教练又是裁判。当时，歌剧团体育运动开展得蓬蓬勃勃有声有色，他本人今年已是耄耋之年还在坚持打羽毛球，得了无数奖杯，其中还有世界华人老年比赛冠军。

正在锻炼

记得我当时参加一次羽毛球双打比赛，我和一位声乐老师，叫薛传一，二人配合还得了一次冠军。我们演员队的也经常比赛篮球，我打前锋，队里有个高个子打得比较好，叫文善元。他是我们的主力，记得我们唱队和舞队比赛、川剧团比赛，我们屡屡获胜。这时候歌剧团每到下午五点钟左右各种运动就开展起来，场地上就热闹起来。那时，我还坚持双杠和双环的运动。排练场里有一副双环，每天早上我在操场训练。我们那时流行一种比赛——掰腕子，我们常常开赛。有一次我在家里，突然楼下有人喊我去比赛，原来是杂技团的同志在我们院子里锻炼，杂技团的演员，人高马大，训练有素，相比之下，我又瘦又矮，比赛一开始我就采取了先发制人，加强握力，打对方个出其不意，结果我赢了。在越南有一次比赛篮球我们输了，有人提出来比掰腕子，他们一看我们是文工团的，也没在意，就在一个大个子和我两个手一握的时候，他们说，你的手怎么像个钳子？总之锻炼使我的身体更加健康强壮。演出时一有空隙我就锻炼，双杠、双环我都要去锻炼。

在巡回演出当中，我也要坚持锻炼，哑铃、拉簧我都是随身携带。后来我调到影视中心工作，在那里我也安装了临时的单杠，每天还是要坚持锻炼。在越南的时候，我们在房梁上也装了单杠，总之走到哪儿都要锻炼。我的老伴也是很喜欢运动。20 世纪 50 年代初，西南市一级机关举行运动会，她被选为 400 米短跑运动员，她平时就打打篮球跑跑步。所以我们对孩子也有所要求，都养成了爱运动的习惯。我的两个女儿都是我教会的羽毛球，有时候还带她们去游泳，王越还参加过冬泳训练班。大儿子王锐喜欢打篮球和羽毛球，目前在深圳工作，还在单位组织的羽毛球赛中拿了冠军。小女儿也受我影响，要求他们孩子也喜欢运动，也在打羽毛球。我的孙子王法厉，也是喜欢运动、健身，到了痴迷的程度。我感到锻炼不仅是强健身体，而且锻炼人的毅力和储蓄正能量。

后来，我的两个女儿都考进了北京舞蹈学院。这和从小喜欢运动锻炼分不开。大女儿在北京舞蹈学院毕业后从事舞蹈教学，另一个女儿培养他们孩子之余自己也参加了芭蕾班，继续跳舞，我体会到人生真谛——健康才是福。

天伦之乐乐何如　相互关爱也是福

三个子女都婚配
家孙外孙都呵护
一个一个都长成
长孙已是工薪族
安排父母去旅游
四处观光劲头足

多伦多旅游

温哥华旅游

丽江旅游

三个子女有孝心
我俩生日都关注
闻得父母身有恙
赶快回家来照顾
平时常常有微信
对话胜似打长途

只要家人都健康

快快乐乐就知足

王越夫妇　丈夫刘宏

王欣夫妇　丈夫敬宏

与两个外孙合照

王欣夫妇

小女儿和三个孩子

我与两个外孙在深圳

儿子和他的儿子

正是：

台上搭档台下伴风雨同舟六十年

从边疆到朝鲜去工厂进矿山

上高山下田间跨过鸭绿江到过红河边

歌声飘过北戴河歌声飞上喜马拉雅山

尝得演员甜中苦赢得观众万人欢

一生无悔又无怨共与人民苦与欢

盛世养生正逢时白头相伴度晚年

老汉爱唱唱不断老伴儿爱花花更鲜

子女常常来微信手机胜过千里眼

实现祖国复兴梦华夏儿女笑开颜

《洪湖赤卫队》剧照

歌剧《洪湖赤卫队》中扮刘闯

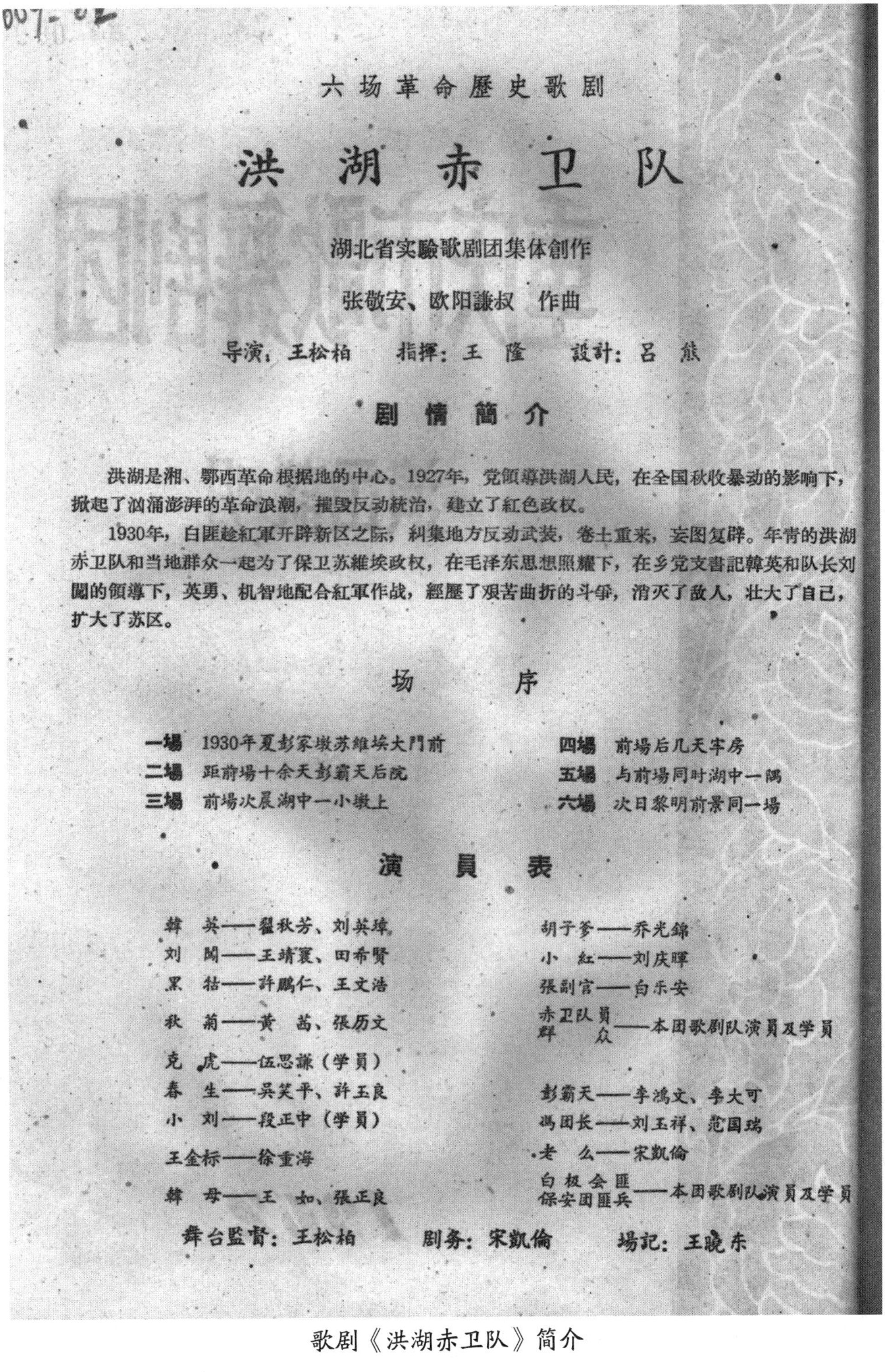
六场革命歷史歌剧

洪湖赤卫队

湖北省实驗歌剧团集体創作

张敬安、欧阳谦叔 作曲

导演：王松柏　指揮：王 隆　設計：吕 熊

剧情簡介

洪湖是湘、鄂西革命根据地的中心。1927年，党領導洪湖人民，在全国秋收暴动的影响下，掀起了汹涌澎湃的革命浪潮，摧毁反动統治，建立了紅色政权。

1930年，白匪趁紅軍开辟新区之际，糾集地方反动武装，卷土重来，妄图复辟。年青的洪湖赤卫队和当地群众一起为了保卫苏維埃政权，在毛泽东思想照耀下，在乡党支書記韓英和队长刘闖的領導下，英勇、机智地配合紅軍作战，經歷了艰苦曲折的斗爭，消灭了敌人，壮大了自己，扩大了苏区。

场序

一場　1930年夏彭家墩苏維埃大門前
二場　距前場十余天彭霸天后院
三場　前場次晨湖中一小墩上
四場　前場后几天牢房
五場　与前場同时湖中一隅
六場　次日黎明前景同一場

演員表

韓　英——翟秋芳、刘英琫
刘　闖——王靖寰、田希賢
黑　牯——許鵬仁、王文浩
秋　菊——黄　茜、張历文
克　虎——伍思謙（学員）
春　生——吴笑平、許玉良
小　刘——段正中（学員）
王金标——徐重海
韓　母——王　如、張正良
胡子爹——乔光錦
小　紅——刘庆暉
張副官——白乐安
赤卫队員、群众——本团歌剧队演員及学員
彭霸天——李鴻文、李大可
馮团长——刘玉祥、范国瑞
老　么——宋凱倫
白极会匪、保安团匪兵——本团歌剧队演員及学員

舞台監督：王松柏　剧务：宋凱倫　場記：王曉东

歌剧《洪湖赤卫队》简介

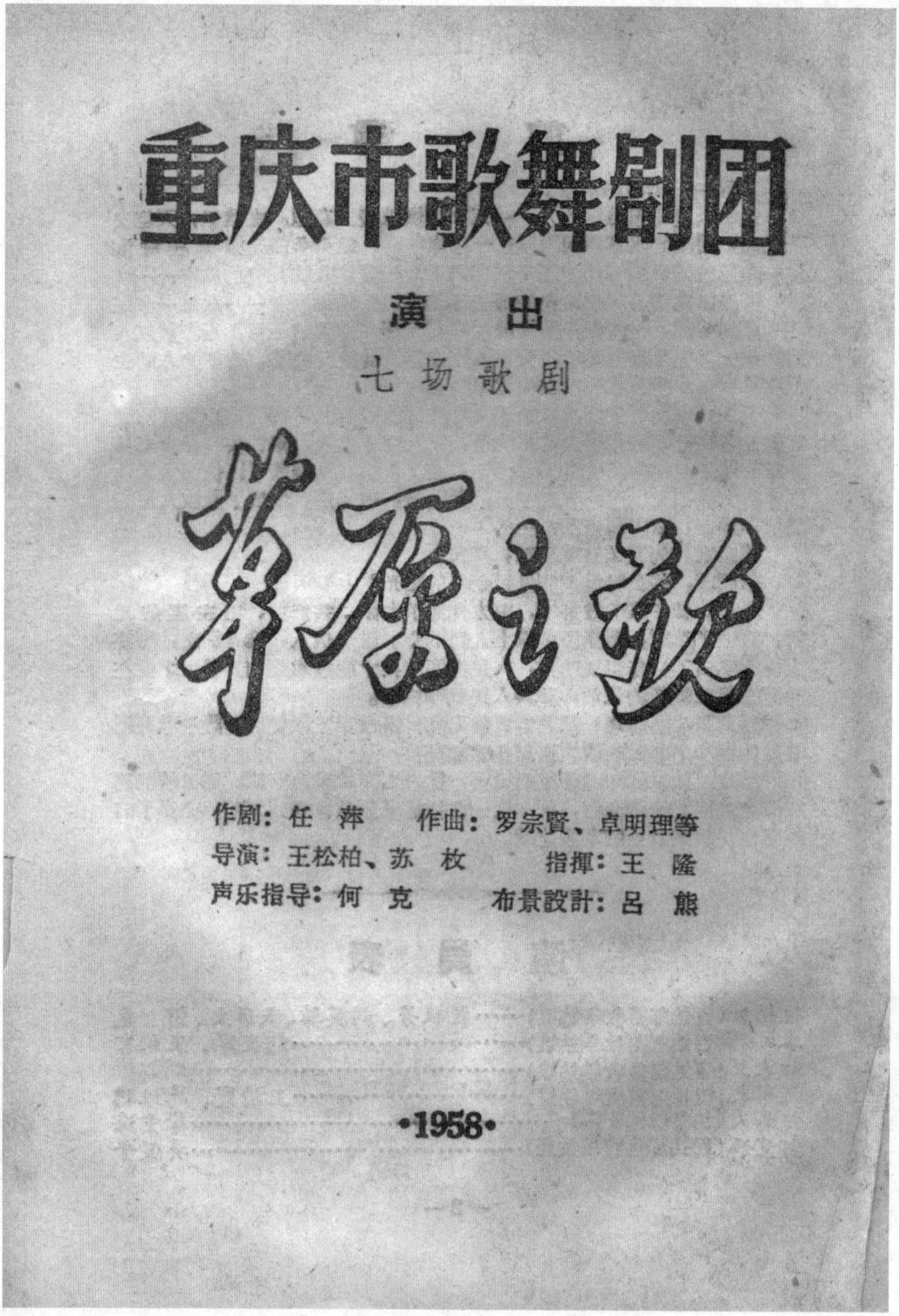
重庆市歌舞剧团
演 出
七场歌剧
草原之歌
作剧：任 萍 作曲：罗宗贤、卓明理等
导演：王松柏、苏 枚 指挥：王 隆
声乐指导：何 克 布景設計：吕 熊
·1958·

《草原之歌》剧本

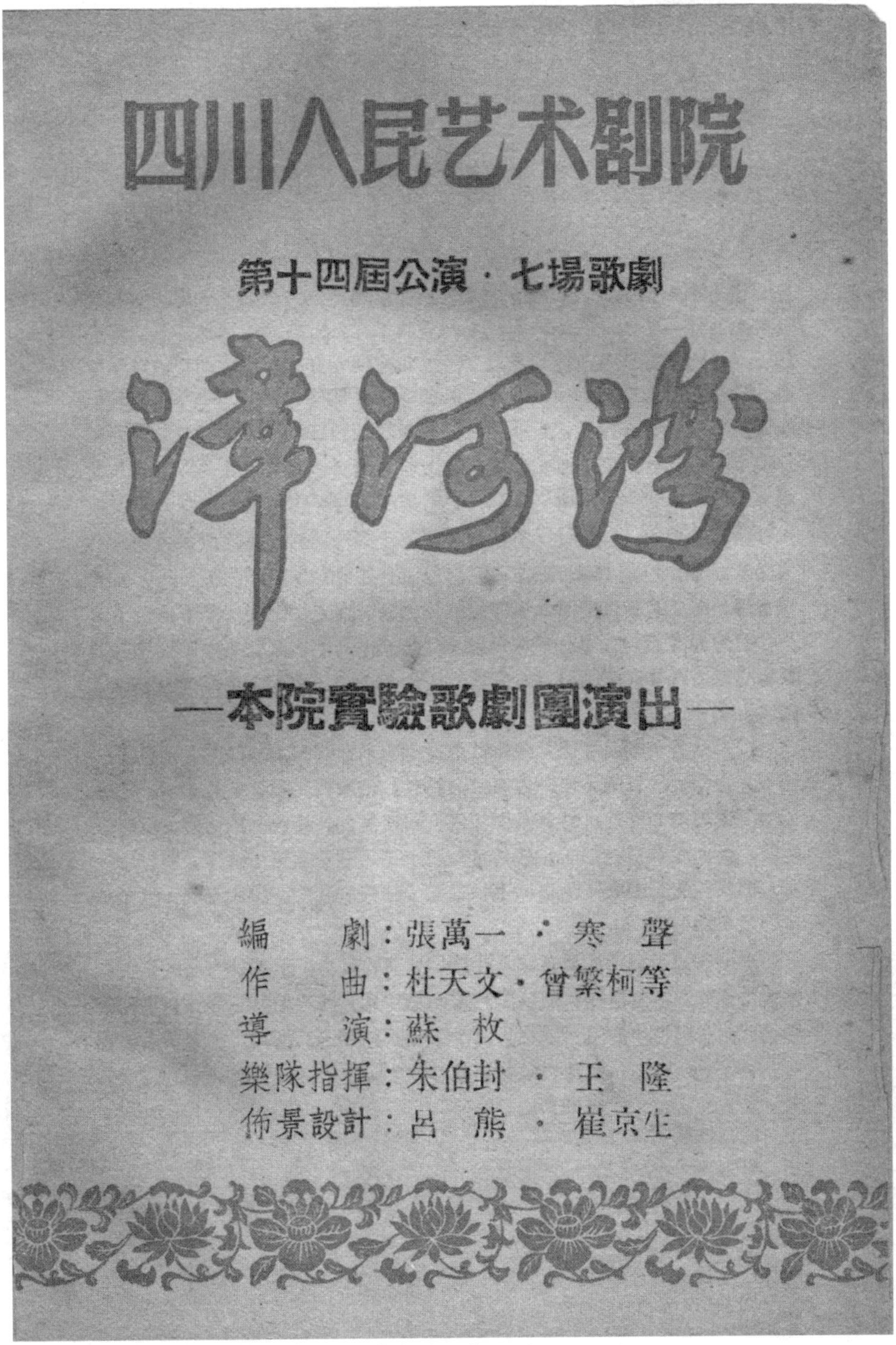
四川人民艺术剧院

第十四屆公演·七場歌劇

漳河灣

—本院實驗歌劇團演出—

編　　劇：張萬一·寒　聲
作　　曲：杜天文·曾繁柯等
導　　演：蘇　枚
樂隊指揮：朱伯封·王　隆
佈景設計：呂　熊·崔京生

《漳河湾》剧本

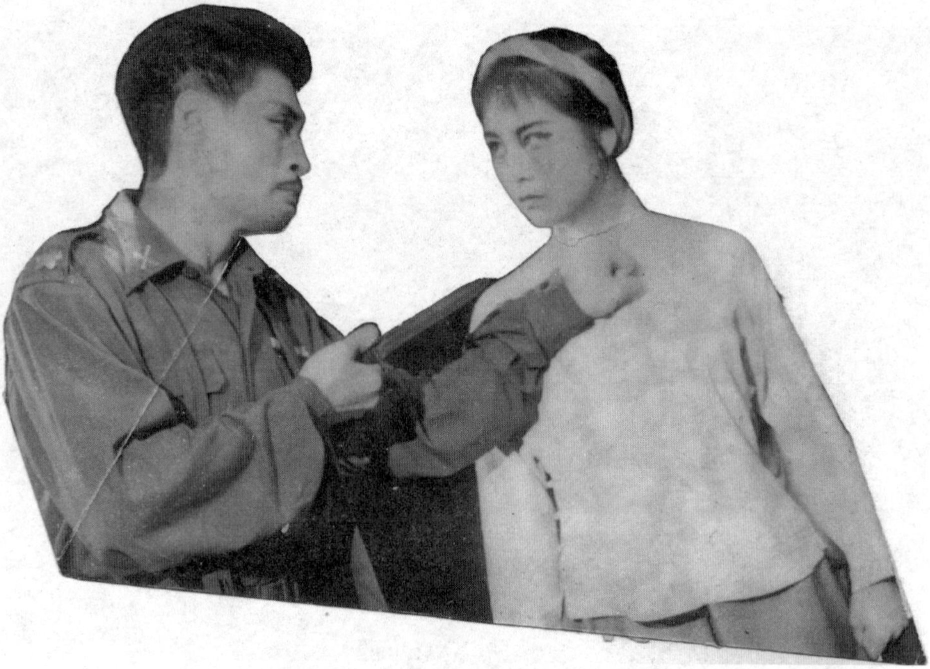

歌剧《红珊瑚》扮麻付官

歌剧《三月三》演周洪亮

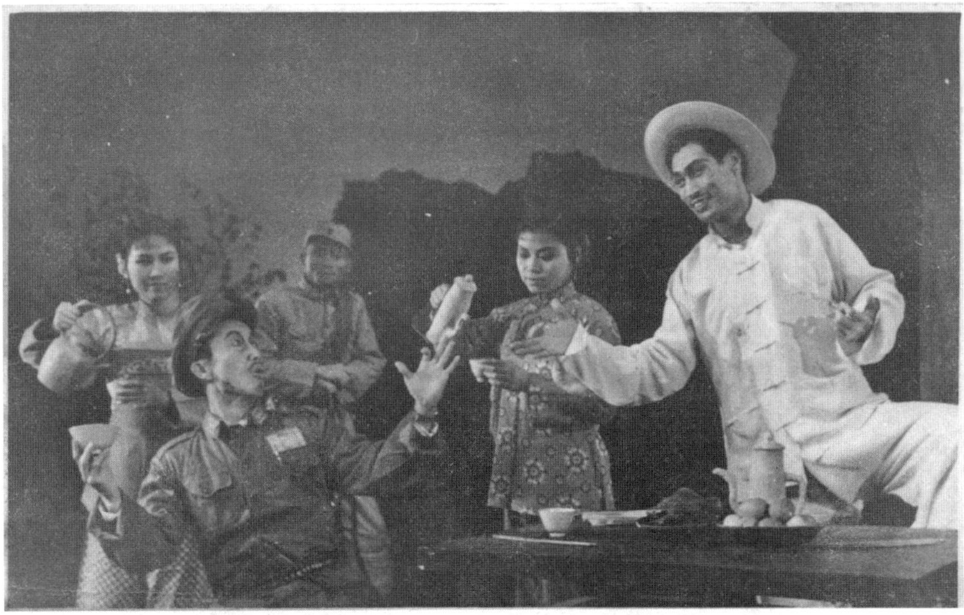

歌剧《三月三》扮周红亮

歌剧《江姐》中扮徐鹏飞

轻歌剧《友谊与爱情的传说》中

扮詹金斯

话剧《于无声处》中饰何世飞

大女儿王越的演出照

2002 年 ××× 电视台中秋晚会演唱《牵手》

小女儿王欣生活照

大女儿王越夫妇　小女儿王欣夫妇　三个外孙（王欣的三个儿子）

我俩满八旬　子女来祝贺　老友陆棨兄吟诗献大作

满80寿宴上与儿女和外孙

贺诗

秋芳靖家，情深意厚
金婚添五、八旬双寿

津门王二恋秋芳，千里姻缘情意长。渭水海河得挽臂，山城歌剧是红娘。光荣灯下弟慕姐，小女婚中凤求凰，王二娶来王二嫂，白头相伴爱无疆。

二零一一年八月陆 于重庆

与儿女孙子外孙

与小女儿在重庆解放碑看风景

小女儿王欣生活照

1999年与三个孩子在解放碑八一路的家里

大女儿王越生活照

剧院首演《小女婿》 天赐良机扮“田喜”

1952年年底，我被派到重庆钢铁公司去体验生活，这是一个大型的钢铁企业，我第一次目睹了炼钢工人手中挥舞钢钎，战斗在高温的炼钢炉旁进行操作的实况。工人们炼钢就像上战场一样非常紧张，长期在高温的烘烤下脸上已经留下深深的印记，工人阶级在这么艰苦的环境中为祖国社会主义建设无私奉献，使我在思想上很受教育。派我们来厂的目的，一来是向工人阶级学习，二来协助厂里开展文艺活动，教他们唱歌，活跃生活。我还看到当时市妇联、市团委组织炼钢厂和纺织厂的工人们开展广场交谊舞活动，这是为了解决年轻工人选择对象的问题，体现了领导对年轻人生活问题的关心。

1953年年初，我接到院里来信通知，信上说3月要举行庆祝西南人民艺术剧院（原西南人民艺术学院戏剧系和西南人民文工团合并成为西南人民艺术剧院）成立的活动，同时隆重上演大型歌剧《小女婿》，通知我回院参加庆祝活动。回院后，我才知道，在歌剧《小女婿》中我扮演男一号田喜，女一号香草是翟秋芳扮演。看了角色名单，我心里非常激动，没想到刚从戏剧学院毕业的新兵，就分配我在大型歌剧担任主要角色。演员的工作不是由自己选定的，而是由导演和领导研究决定的，院里对我如此关注和信任，真让我有点受宠若惊，尤其将与我心目中崇敬的而且暗暗有些爱慕之心的秋芳同志合作，心中暗自庆幸，感到自己真的交了好运了，才有这天赐良机，自己暗下决心向老同志老演员们学习，竭尽全力，不负众望地，完成好这次任务。

小女婿的故事梗概

这部歌剧是由曹克英编写的评剧，经由歌剧团改编而成的。

在庆祝剧院成立的同时上演这部歌剧，院里非常重视。由副团长马惠文为首组织了音乐创作班子，有原音乐系蓝河、徐杰、陈淑兰、方大提、伍雍谊、王泽明等参加创作，导演组由院长刘莲池为首，还有冯枫、王松柏、邓汝伦担任。指挥由音乐家朱伯封，舞美设计曾泽恩。

故事简介

故事发生在《婚姻法》颁布之后的东北杨家村，杨香草和田喜本是相爱的一对恋人，而香草的父亲则认为自由恋爱是败坏门风，为了贪图彩礼，竟把19岁的香草许配给了11岁的男孩罗长芳，田喜知道后约香草外逃。夜里，田喜到了香草家，翻墙的时候惊动了香草父亲杨发，于是杨发把香草锁在屋里，并强迫香草与罗长芳结婚。田喜知情后，二人到区政府反映，根据《中华人民共和国婚姻法》，制止了这桩荒唐的婚姻。

最终田喜、香草喜结良缘。

我扮演田喜的前前后后

通过阅读剧本和唱段的练习，逐步形成我心中的田喜形象，他生长在一个朴实勤劳的农民家庭，小时候在村里的小学读书，后来父亲因病早逝，田喜从小就开始学干农活，成了一个精明能干、身体健壮的小伙子。母子相依为命，新中国成立后田喜更加成熟，与村里杨香草成立互助组过程中，相遇并相爱。香草是个聪明伶俐的巧姑娘，母亲对这门亲事很支持，很喜欢香草，巴不得他们早日结婚，抱上大孙子。

田喜、香草定情

在杨家村女孩中流传着一个风俗习惯，女孩出嫁前都会自己绣一个精美的小荷包，里边放着香草，到了姑娘谈婚论嫁的时候，把这个香包送给心上人，香草这几天都在绣制荷包，田喜也知道是给自己的，今天如果能拿到荷包，他们的婚事就有门了。

第二幕一开场，在村口的小河边有一棵大柳树，远处是碧绿的庄稼，天空出现光芒四射的晚霞，随着大幕拉开，传出了高亢响亮的幕前曲歌声——日落西山满天霞，青根绿叶好种庄稼，风吹雨打全不怕，欣赏的人儿好像一朵花。

这时，香草和一帮姑娘们去河边洗菜，香草洗完菜走到大树下，看看周围没有人，掏出来荷包，自己边绣边唱：小小荷包手中拿，荷包上边把花扎，扎上一朵小红花，送给田喜哥哥胸前挂。

只见田喜身穿浅蓝色裤褂，头上包着白毛巾，身上系着腰带，脚穿一双洒鞋，肩扛锄头，精神抖擞，边唱边上场……

田喜说道：“香草！”

香草说：“干啥？”

田喜没话找话地说：“你还没回家啊？”

香草：“我这就回家，你回家吗？”然后香草把荷包拿到了鼻子上闻了闻。

田喜说：“这是啥？”

香草说：“这是荷包啊！”

田喜说：“给我看看。”

香草不给他，田喜就要抢，香草扭头就跑，田喜就追，他们俩就围着大树转。这时香草的朋友小梅，从背后把荷包抢去，对田喜说：“这是香草姐给你绣的荷包。”并交给了田喜。田喜一闻，还真香，就挂到了脖子上。并故意问香草：“你这是给谁的啊？”

香草说：“你看上边的字。”

田喜一看，上边绣着四个字“生产模范”。

音乐起，田喜唱：“有句话说出来，你可别恼，只怕你怪我不该攀高，咱两人订婚你看好不好？”

香草唱：“一言为定，说话要牢靠。”

就这样，二人就私定终身。

经过二人相约出逃失败后，杨父强迫香草嫁给了罗长芳。田喜知道后心里受到很大打击，十分沮丧，整天茶不思饭不想，心想木已成舟，无法挽回。田喜受着失恋的痛苦折磨和煎熬，直到三天以后香草回门，二人又在村口大柳树下相会，两个人都有一肚子话，不知从何说起。

香草说：“喜哥，你好啊！”

田喜气急败坏，充满了埋怨的口气：“我好？我也没有你好。”

香草："没有我好？我……"

二人此时静了一下，然后田喜憋不住了，把心里委屈一股脑全说了出来："本来嘛，罗家又有钱，人长得也俊。"

香草愣了一下，旁边香草的妹妹香菊把罗长芳叫到了跟前，对田喜说："你看，这就是我姐的小女婿。"

田喜一看愣了，这才恍然大悟，原来是跟一个小孩结婚了。一把拉住香草："走，咱们到区上去。"

二人跑到了区政府反映，区政府表示这是一桩不合法的婚姻，后来区长专门来到杨家村，在全村大会上宣布杨罗两家的婚姻是非法的，香草、田喜自由恋爱结合是合法的，并表扬了他们二人为了争取婚姻自由，敢于和封建思想做斗争。全村群众热烈鼓掌。田喜和香草脸上浮，出了幸福的微笑。

公演　建院与演出

1953 年元月，根据文化部整顿文艺院校和文工团建设剧场艺术的精神，西南人民艺术学院改建为西南人民艺术剧院，隶属于西南行政委员会文教部，院长朱丹西，副院长刘莲池，秘书长冯润庭。下设院务处、创作研究室、演出处、演员训练班、话剧团和歌舞剧团。歌舞剧团团长是马惠文，副团长邓汝伦。

3 月 6 号，为了配合我国第一部婚姻法实施，在人民剧场上演歌剧《小女婿》。由于刚刚建院加之新剧上演，全院上下欢欣鼓舞，喜气洋洋。因为建院就意味着在艺术上要求更加严格和专业。歌剧《小女婿》经过一个多月的排练，到了进入剧场联排和彩排的阶段，因为就要上演了，自己心中也非常兴奋，到了人民剧场感到一切都发生了变化，心情也大不一样——兴奋、雀跃。

一进化妆间，每个演员都有固定的位置。化装首先要根据造型师给的设计图来画，服装也是设计师量身定做的。田喜虽是农民装束，但是服装的布料很是不错，每个角色服装既符合时代又高档华丽。灯光布景也十分专业和讲究，台下面是乐池，整齐的管弦乐队坐在里面，指挥站在舞台前方，挥舞着指挥棒，一切是那么地正规和专业。我作为一个新兵，头一次进入如此正规的剧场，真有点进入艺术殿堂的感觉。

服装为你造型　灯光为你照明

乐队为你伴奏　观众报以掌声

身为演员责任重　自己更应苦用功

《小女婿》上演啦！这部歌剧因为反映了婚姻自由的主题，而婚姻问题是千家万户都会遇到的问题，尤其对青年人，是关乎到他们一生的幸福，而社会上有关婚姻问题产生的矛盾纠葛层出不穷，而年轻人对婚姻都有一个美好的憧憬，都渴望一个美好的婚姻，所以上演以后受到了各界观众的热烈欢迎。著名作家王大虎曾撰写长文评论歌剧《小女婿》，肯定了歌剧取得的成就，也提出了意见和建议。总之，演出不仅掀起了一个歌剧的热潮，也给当时社会现状带来了共鸣！

人民剧场演出结束后，又应观众要求搬到了运输电影院继续演出。重庆演出后又到省府成都进行公演，成都反响更为强烈，据说有尼姑前来看戏。为了那难求的一票，有人带着席子铺在地上通宵排队买票。

记得成都演出不久，我与秋芳上街购物，走在春熙路，竟然被观众认出，说："香草和田喜在逛春熙路啦。"

接着奉命到宝成铁路工地去为修路工人演出，在中坝演出期间，又接到命令参加全国人民赴朝慰问志愿军的任务。

总之《小女婿》的演出是我第一次在一部大型歌剧里担任主要角色，在与团里的老同志、老演员排练演出的合作中，他们对艺术工作的执着与认真的精神和他们从事艺术工作的丰富经验，对我有很大的启发和帮助。在导演和同志们的鼓励下，总算基本完成演出任务，在这里我向他们致敬！

这是我从事歌剧工作上迈出的可喜的第一步！

首演歌剧《小女婿》幸与秋芳配田喜

感谢各位来帮助观众看后还满意

歌剧路上肩并肩开创舞台新天地

我与翟秋芳演出《小女婿》

歌剧《小女婿》演出说明书照片

我与秋芳演歌剧《小女婿》

慰问志愿军渡过江　连续演出日夜忙

当歌剧《小女婿》正在成都演出方兴未艾之际，接到上级任务，要到川西绵阳一带深入宝成铁路工地进行慰问演出。当我们在中坝演出又接到上级指示，我们将参加全国人民赴朝慰问团第三总分团第一分团赴朝进行慰问演出。总团团长是贺龙，三分团团长是王维舟将军。大家听到以后非常激动，兴高采烈地接受了任务。团里安排停止现在的演出，班师回营，做出发前的准备工作。接着全团到湖北汉口集中，为了演出的需要，还邀请了音乐院郎毓秀教授随团演出，担任独唱。成都曲艺团的李月秋、熊青云等担任清音演唱，泸州艺人李少华担任金钱板。又从贵州请来刘阿略等十个苗族姑娘，演唱苗族歌曲。和我们一起入朝的演出单位还有重庆川剧团、湖北京剧团等。我们团除带了《光荣灯》《好军属》《果园姐妹》等几个小歌剧外，还排了一批新的节目。在武汉给我们做了冬天的服装，准备应付朝鲜的寒冷气候。

我在慰问演出中担任《好军属》《光荣灯》中的角色之外，还和秋芳同志对唱《夫妻识字》《十二把镰刀》等。还有个小演唱叫《绣花劳军》，还有大合唱《金日成之歌》《斯大林颂》《东方红》，还有四川民歌联唱、男声小合唱等。我们在武汉排练节目期间还观摩了当地歌舞团的京剧《白蛇传》，还吃了当地的小吃莲子羹，味道鲜美。

入朝

1953 年 10 月下旬，在贺龙总团长率领下我们跨过鸭绿江，到了阳得一下火车——

太阳高照百万军

戎装竖立迎亲人

场面宏大肃穆，部队前头红旗招展，下面站着两位英姿飒爽、长相相近的两位女兵，原来这是我们慰问三分团副团长胡子昂的已参加志愿军的一对双胞胎千金。她们俩以志愿军的身份来迎接祖国的慰问团，也迎接她的父亲。父女相会场面也十分动人。

志愿军经过了血与火的生死考验，今天在这里见到来自祖国的亲人，心情也是万分激动！

志愿军列队夹道欢迎！我们边握手边前进。团里有一个刚 11 岁的小演员，人很瘦，个头也很矮，志愿军干脆抱着他走，一直走到了驻地。体现了志愿军战士们对祖国人民的一片深情。

队伍安顿好以后，晚上志愿军与我们开了一场大联欢，都出了节目，还与我们热情地交谈。记得他们节目中有一位扮演护士的漂亮姑娘，跳独舞。她名字叫曾献力，后来转业到了重庆市歌舞团，现已退休。还有两位男演员，一个叫谭生贵，一个叫王戎，后来都转业到了重庆。

第二天，我们听了政治部刘主任的报告，讲的就是著名的上甘岭战役。介绍了上甘岭战役的形势，在这方圆不足几里的山头，打了数以万计的炮弹，每相隔八厘米就会有一片弹片。敌人狂轰滥炸几天几夜，战士们在躲在猫耳洞里几天没吃没喝受尽煎熬，当大部队总攻开始，他们像神兵从天而降，猛扑过去。敌人大败。也就是在这样的情况之下，敌人才被迫坐在了谈判桌前。

慰问演出

听了志愿军的英雄事迹报告，我们全团同志都受到了极大的教育，决心一定要尽全力完成好这次光荣的慰问演出任务。

天气逐渐寒冷，演出时气温有时在零下二十摄氏度，演员们身上有时候只能穿一件单衣，有的同志冻得鼻涕不断。记得有位舞蹈演员叫王继华，大家叫她阿稀姑娘，因为她的鼻涕就没停过，一直在流。

我担任的角色较多，一天要扮演十来个角色，终因体力不支发了高烧，但演出任务又必须坚持，没有多余的演员来代替。我们住在离舞台比较远的山头上，战士们把我从山头上背到后台，同志们帮我化装，上午演出一场，中饭后又要演一场，晚饭后还有一场。当一场演完，这批志愿军退出场外，另一批在寒冷的天气下等候许久的志愿军又立即入场，我们也就要立即开演新的一场，如此循环到深夜后，战士们又将我背回山头的宿舍。

记得有一位独唱演员黎叔华，唱了八首歌曲之后观众还在鼓掌欢迎，他急忙跑到后台，医生帮他打了一针回来又唱一曲。同志们都在尽全力完成这次任务。提出的口号是“有求必应，保证满意”。后来，后勤部领导又提出要看歌剧《小女婿》。领导跟重庆联系，把有关的演员、服装、道具火速调来朝鲜，最后经过一段排练，上演了《小女婿》，很受部队欢迎。

为了使每位志愿军都能看上戏，我们到伤痕累累的医院、前沿阵地、山洞坑道、炊事班去进行演出。我记得，我们在只有三平方米的地方演了一出《好军属》，周围都是观众，我还曾为一名在哨所站岗执勤的战士演出。之后我们还慰问了朝鲜人民军和朝鲜人民。我们先去的是咸镜北道，为朝鲜人民军和朝鲜人民演出。我们的列车要经过庆兴、咸兴、罗南、镜城等地。每到一个地方无论是白天还是黑夜，当地人民都列队欢迎。我们下车和他们握手表示慰问，然后重新登车继续前进。所以我们乘坐的火车是专门为我们改装过的，是为了便于我们分批下车慰问朝鲜人民。记得有一次夜里，一群朝鲜小姑娘在零下十几摄氏度打着赤脚站在寒冷的冰雪路面上鼓掌欢迎我们。我们心中很难过，战争给孩子们带来的灾难多么深重!

有时朝鲜人民接待我们，他们也确实拿不出什么吃的了，用铜碗装一碗饭，有几片白菜叶。用柠檬代替醋，有时也用海鲜招待我们。有一次用一只像大蜘蛛一样的长腿螃蟹招待我们，我们在四川没见过这为何物，都不敢吃。这里只有苹果是他们当地的盛产之物。一个小组分一箱，分而食之。

直到12月中旬，我们演出40余场，结束了朝鲜的演出任务。回国后还要到徐州、蚌埠、凤阳、南京、上海等地慰问志愿军归国部队。1954年2月才完成任务回到重庆，由于文工团贯彻了总部“有求必应”的要求，多次受到朝鲜党政军领导和中国人民志愿军总部的嘉奖。

深入志愿军连队为炊事班同志演出对唱《十二把镰刀》。

《上甘岭》王成的扮演者刘世龙及夫人（右一）

赴朝鲜的统一着装

慰问边疆解放军　翻山越岭看亲人

1953—1954年，完成慰问志愿军的任务之后，1954年3月初接受了全国人民慰问解放军的任务，还是第三总分团，我们这个团是任务最艰巨的一个团，要去贵州、云南边境一带演出。我们曾去过遵义、贵阳、耿马、双江等地演出。节目基本与赴朝的节目相同。四川的郎毓秀老师、成都李月秋老师也跟我们一起来到了边疆，因为每个演出点距离很远，中间没有公路，只有清一色的山间小路，故决定骑马前进。解放军为我们牵马护送。经过一段练习，我们掌握了骑马的本领，骑马行在大山上，一眼望去山连山、山套山，不知从何而来，也不知向何处去。有一位稍微年长的同志因为不慎从马上摔下伤了腰，只好送他回内陆医治。

长途劳顿，下了马后连走路都走不稳了。云南的山大部分都是石头，树木较少，我们都是在烈日当头下骑马行军，饿了就吃点罐头，喝点水。一次我们正在行军，听说前边燃起了山火，火借风势越来越大，大家都吓坏了，由于马遇到火会惊，我们便犹豫是不是冲过去，冲过去怕马惊，有被摔下来的危险，不冲就有可能葬身火海。最后还是我们的英雄解放军，组织力量奋不顾身，冲进火海，扑灭了山火，我们才有惊无险地顺利通过。

我们每晚都睡在就地而搭的帐篷里。有个有趣的故事，当我们走到云南孟定一带，据说是诸葛亮七擒孟获，说是诸葛亮为了统治这个部落，杀头祭谷说是要杀胡子多、头发多的人祭祀，来年谷子就会大丰收。我们有位大提琴家名叫方大提，胡子很多，他在帐篷里睡觉，害怕晚上睡觉被当地的卡瓦人把他带着大胡子的头给割了，就非常紧张，就把胡子刮了，睡觉也是把头放在帐篷的中间睡。后来听说，因为解放军的到来，他们已经改为杀鸡祭谷了，这样他才安心地睡觉了。

到了演出地点受到解放军的热情接待，我们吃过油炸的穿山甲肉馅的饺子，大象肉都吃过。战士们一年到头生活在人烟稀少的国境线上，生活枯燥。见我们到来演出，高兴万分，有时也要求多演些节目，我们也是尽量地满足。记得有天晚上，一直演到第二天天亮，大伙才回去睡觉。这里是个多民族的地区，晚上我们演出时，周围的兄弟民族都来观看。有些民族热情奔放，穿着各种民族服饰，颜色多样，都来看戏。

到了蒙自那里，正是石榴大丰收，大家猛吃了一顿。

到了贵州，有关单位招待我们吃了虫草气锅鸡，那个年代大家不认识虫草，从来没见过，以为吃鸡吃出来虫子了，后来才知道那是一味珍贵的药品。

5 月 22 日，慰问演出胜利结束。从云南告别部队同志，尤其是一路安排我们吃住的同志非常辛苦，为我们牵马护送的战士，你们受累了！

我们回到重庆后，受到了西南行政委员会文教部的嘉奖，西南军区举行了盛大宴会，对慰问团的同志表示感谢，两个月艰苦的演出任务胜利完成。

火热的1958年　力争上游、干劲冲天

在那难忘的“大跃进”的一年里，全国一派鼓足干劲、力争上游的气氛。重庆市文化局也开了动员大会要求剧团多创作、多演出，做出成绩。我们歌剧队在这一年里排了两台小戏、四台大戏。下到专线巡回演出，演出达百场。我们这支队伍年纪轻，有干劲，正处在大好年华。我已经是一个26岁的共产党员，也想在“大跃进”中大干一场，我与秋芳决定把小孩送到西安外婆家，更好地投入“大跃进”之中。

1958年年初，为了配合农业发展40条，深入农村开展文化活动。队上排了一台小戏，一出叫《李月娥还乡》，田川、任萍编剧，作曲黄庆和。剧中写随军家属李月娥为了建设新农村回乡生产的故事。李月娥由秋芳扮演。另一出戏叫《五十块钱》，丁毅编剧。剧中写的是一家人有存款50块钱。这50块钱存款是投入合作社发展生产，还是留给儿子锁柱结婚，展开了一系列冲突。我演青年战士“赵铁柱”，剧中的妈妈由齐光贤扮演。这个戏有喜剧色彩。还有两个小戏，一个叫《两家争》，一个叫《搬石头》，都是些关于农村生活的戏。这台戏在剧场公演以后就下乡演出去了。5月，团里安排排练南京军区四幕大歌剧《红霞》，石汉编剧，张瑞作曲，王松柏导演，秋芳扮演红霞。故事写革命老区的红霞姑娘被迫给敌人带路时，她不怕牺牲，把敌人引到了绝地山崖，壮烈牺牲。排出后在人民剧场上演。与此同时，为了庆祝儿童节，满足儿童的需求又排出了一台为儿童演出的剧目，一出是20世纪30年代李锦辉先生编写的小歌剧《小小画家》，儿童由我团刘庆辉主演，我扮演小学教师。这出戏比较轻松活泼，儿童非常喜欢。还有一出戏叫《两个红领巾》，也是农村题材的故事，六一节儿童放假，我们在这一天里安排了五场演出，满足小观众的要求。

6月，为了配合农村忆苦思甜，不忘阶级苦的教育，我们又排了武汉歌剧院演出的《刘介梅》，戏中写一个农民忘了本，经教育又转变过来的故事。我在戏里演一个地主，叫于震仁，导演是宋清涛。在剧场演出后又去了郊区演出。

7月，中央歌剧院来渝演出歌剧《红霞》，这是给我们送来的一次很好的学习机会。我们组织了两个单位的联欢会。领导决定让我来做主持人，大家见了面，亲切得像老朋友一样交谈，交流了歌剧经验。我们请歌唱家王崑为我们演唱，郭兰英同志也参加了联欢。在一起交谈非常融洽。一位歌剧院的演员叫于夫，非常风趣地说："重庆的小吃太棒了，尤其是拌菜用的作料真是香极了，就是把我们北方的千层鞋底拌一拌也会好吃得很啊！"惹得大家哈哈大笑。最后还决定，为了更好地进行业务交流，分别由两个团来演出《红霞》，相互观摩。第二场由秋芳扮演红霞，第三场由郭兰英扮演，第四场由中央歌剧院的李大德同志扮演。郭兰英同志的演出非常精彩，把红霞的机智、勇敢演得栩栩如生，演唱也很见功夫。真是一饱眼福，受益匪浅。

8月，队上带着《红霞》《刘介梅》两部歌剧到内江演出。由于剧场设备陈旧，舞台工人在布置舞台的时候遇到朽木断裂，把我们的舞台工人帅兴发从顶棚摔下来，后经医院的医治，住院一个月后出院。

剧场条件很差，演员只能把后台铺上稻草就住在那里，观众很热情，演出结束后我们又去了四川省自贡市先后演出了《刘介梅》《红霞》。这时又接到上级指示，演出队要贯彻"边演出、边劳动、边创作、边辅导"的"四边"精神。恰巧这里的文联有位李仁谷创作了一部话剧《地下之火》，描写了解放前党领导下盐工斗争的故事。这时，团里的王道一团长也来到了自贡，决定把这个话剧改编成歌剧，集体创作尽快排出，首先要去体验生活，要了解盐工斗争的情况，我们参观了盐井、盐矿。

自贡产盐，有两个盐井，自流井和贡井组成名为"自贡"。解放前工人很苦、衣不遮体，食不果腹，劳动强度大。这时有位党的代表肖凤阶来带领工人进行斗争，后来被捕入狱牺牲。我扮演肖凤阶。经过一段紧张的创作、排练，歌剧《地下之火》与观众见面了，到盐井、矿区进行大量演出。

9月，我团创作人员诗人梁上泉与中央歌剧院合作的大型歌剧《红云岩》脱稿。故事是写一个石匠罗老松，在红军北上抗日时他曾在红云岩上刻写了"赤化全川"四个大字，当还乡团知道是他刻写的时候，威逼他铲掉标语，他不但没铲掉，反倒以鲜血和生命把字改成了"赤化全国"。他的儿媳冬花也为了保护标语献出了宝贵的生命。

小型剧目剧照

小歌剧《五十块钱》

小歌剧《李月娥还乡》

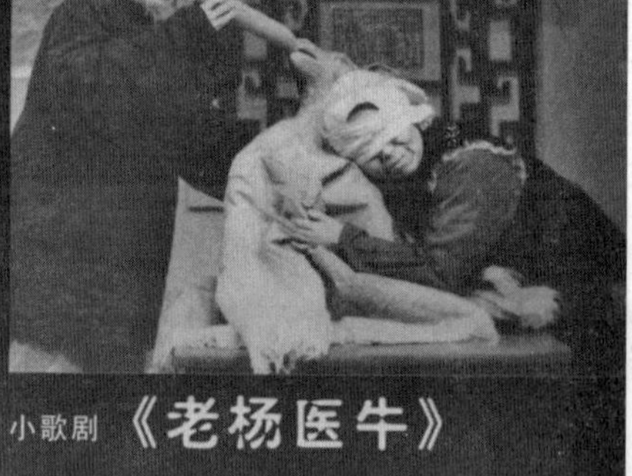

小歌剧《老杨医生》

58

在儿童歌舞剧《小小画家》中扮演教师乙

《刘介梅》剧照

重庆市歌午剧团国庆献礼演出
七場歌剧
地下之火
謹以此剧献給为工人階級解放事業而
光荣牺牲的肖鳳階、方士堤二烈士。
原作：李仁古等
改編
作曲：重慶市歌午剧团
集体創作
導演：王松柏等
指揮：王 隆
設計：吕 熊

《地下之火》剧本

《地下之火》剧照

翟秋芳演红霞剧照

货郎与小姐

为寻找梦中人　假货郎巧遇真千金

1959 年，团里为了纪念苏联十月革命节，决定上演苏联阿塞拜疆的大型喜歌剧《货郎与小姐》，作者别加吉别科夫，译配是孙静云和希阳。我扮演剧中的阿斯克尔。

剧情梗概

年轻的富商阿斯克尔无法寻觅到理想的爱人，非常苦恼，他守寡的姑妈扎汉和仆人伟里也无法为他分忧，幸而阿斯克尔的好友，聪明的苏力伊曼，替他想了一个妙计，让他扮演卖布郎，挨家挨户去卖布，这样就可以找到理想的妻子。阿斯克尔扮成卖布郎，三天后果然相中了没落贵族苏尔坦别克的女儿——居丽乔赫拉，二人相爱了。扎汉去看美丽的姑娘，却被寡居的苏尔塔别克看中了，同时，伟里也和苏尔坦别克的女仆一见钟情，苏力伊曼去为阿斯克尔说媒，却爱上了苏尔坦别克的侄女阿霞，苏尔坦别克答应了这门婚事，女儿并不知道阿斯克尔就是卖布郎，所以坚决地反对，坚持要嫁给卖布郎，父亲恼怒了，决定叫阿斯克尔来抢亲，在富丽堂皇的大厅，被抢来的居丽乔赫拉悲恸欲绝，正想自杀时，听到了卖布郎的歌声，阿斯克尔出现了，这才真相大白，这时四对情人的婚礼开始了……

排练前的准备

为了使剧组里的同志熟悉剧本，团里组织全体人员观摩了苏联电影，《愿天下有情人终成眷属》，这是一部与舞台剧《货郎与小姐》内容相同的电影。电影的阿斯克尔由歌唱家贝布托夫扮演，我还反复地听了贝布托夫的唱片，以便进一步了解和把握歌曲的演唱风格。阿塞拜疆是个能歌善舞的民族，剧中有些舞蹈场面。每个角色在演唱中都伴有舞蹈动作。为此，我们请了舞蹈队的导演吕佩芬老师，由他来负责设计、排练剧中的所有舞蹈。为了熟练掌握舞蹈的基本动作，我们安排演员每日晨练时，在形体训练中专门练习剧中的舞蹈动作，每个角色的单独舞蹈也由吕佩芬老师设计并教会。经过一段时间，大家越来越熟练了，舞蹈是我的薄弱环节，自己要用心地练习，经过半个月的努力，基本达到导演的要求，这样就开始了正式的排练。

我演阿斯克尔的点滴体会

本剧一共有四幕，其中三幕都有阿斯克尔，重点是第一幕和第二幕 。

第一幕

大幕拉开

阿斯克尔一个人在阔绰的大厅里，充满忧伤地唱了一段咏叹调："我的心里多么难过，命中注定我受折磨，只有当我进了坟墓，痛苦才能离开我……"

阿斯克尔虽是一个富商子弟，过着优越而温馨的生活，由于该民族女子有佩戴面纱的传统习惯，他不能看到任何一个女孩子的真面目。结婚也只能是由媒人介绍，长辈决定，总之不能与心爱的人自由结合，所以他忧愁、苦闷，在歌唱中表现得极度忧伤、苦闷。最后两句：痛苦啊！忧愁啊！在一边听了很久的姑妈说："发生了什么事啊，让你这么难过？我的心都要碎了！"

在姑妈和仆人的追问下，他才说出了他要结婚愿望。

姑妈还以为他会像别人一样的方式结婚，姑妈说如果你愿意，我今天就给你找个未婚妻，像你这样聪明能干的小伙子，年轻又英俊，连国王都会把女儿嫁给你的。或者你告诉我你喜欢谁，姑妈替你说媒。

阿斯克尔说："我连一个姑娘都没有亲眼见过，我怎么知道我喜欢谁呢？"这时姑妈和仆人也都束手无策，正在这时，阿斯克尔的一位好友，足智多谋的苏力伊曼来了。他听了阿斯克尔的诉说之后，眉头一皱，计上心来。他提出，让阿斯克尔打扮成卖货郎，沿街卖布，这样就可以看见很多姑娘，一定会找到心上人！阿斯克尔听了以后，豁然开朗，这回有希望了。

决定明天就去卖布，几个人高兴地边舞边唱：朋友拿定主意勇敢前去……

在这歌舞声中幕落……

第二幕

大幕拉开

苏尔坦别克家花园旁边，可以看见小姐的绣楼，二楼上窗户是打开的，可以看见小姐居丽乔赫拉和伙伴们在歌唱：我真难过我真心酸，眼泪流不完……有着货郎同样烦恼的居丽乔赫拉小姐也在忧郁地唱着……

就在歌声结束后，传来了货郎卖布的声音……

卖布歌，本来是卖布人的吆喝声，而作曲家别具匠心地创作这首卖布歌，明亮潇洒的歌声代表了阿斯克尔的音乐形象，给人以深刻的印象，而且剧中每次卖布歌出现的时候，观众就知道阿斯克尔要出现了，最有意思的是第三幕，小姐已经迷恋上货郎，可是父亲强迫他嫁给富商。

在小姐大段的咏叹调中反复出现卖布歌的旋律，这就说明小姐还是如醉如痴地沉浸在与货郎的爱情中……

只见阿斯克尔头戴小帽，身穿蓝色上装，身背一个大包裹，手拿尺子，一副货郎的打扮，边走边唱卖布歌上场了。歌声结束后，道白：“老天帮帮忙吧，我都跑了三天了还没找到心上人。”显出一副很疲惫的样子。（下面这段戏是全剧的核心，也是特别具有戏剧效果的亮点。在表演上，一方面手忙脚乱地卖布、量布，可眼睛却盯住小姐，不断地观察，心里盘算这个是不是我要找的人呢？这里边有许多的旁白，这些旁白正是角色的心里话。记得我在演出中，经常会把旁白的顺序说错。）

一下看到了太多姑娘，货郎有些眼花缭乱，货郎：请看货吧，说着眼睛看向了居丽乔赫拉……

小姐：“多少钱一尺啊？”

货郎：“平常啊，是一毛二分一尺，今天只卖一毛，简直像白送！”

小姐说：“我们平时买的只是八分，您就八分来十尺。”

货郎说：“为了您当然可以！”

货郎开始量布，一尺、二尺……（旁白：似乎找到了！我要找的爱人！）三尺、四尺……（旁白：感谢真主，她真是个美人！）五尺、六尺、七尺……（旁白：好像是命运，就是把她安排给我的！）八尺、九尺……（旁白：她真是又善良又美丽！）十尺、十一尺……

小姐说："哎哎哎……够了够了！我只要十尺。"

货郎："给你，这里是十尺……"

小姐递过钱，货郎说："您的小手真的是又轻巧又幸福。"

小姐说："为什么你觉得我的手是幸福的？"

货郎说："我的心是这么告诉我的 。"（旁白：她就是我朝思暮想的人）

两个人开始一段对唱，表现了两个人的一见钟情和相见恨晚。互相爱慕，互不分开。

货郎 ："从前没有看见你，一天唉声又叹气， 一心想找个未婚妻，今天终于找到你。"

小姐： "我想花儿在这里，孤孤单单受苦凄，自从今天看见你，我的爱情燃烧起。"

合唱 ："我爱你，我爱你，我的朋友，我的生活离不开你……"（抒情甜蜜柔和）

最后，阿斯克尔看到小姐，依依不舍地转身回家，激动地说："我的心啊！像火山一样爆发了！这个房子，这个院子，这条小路，都在向我微笑……"

（音乐起……）

歌声像滔滔江水一样，酣畅淋漓地唱出了心里的收获感和幸福感。

"我交有好运气，我为幸福唱歌曲，像斟满的酒杯一样，快乐充满我心里，来吧，朋友，来吧，鲜花，我爱你，我的生活离不开你。"

货郎转身要走的时候，碰到了未来的岳父大人苏尔坦别克。苏尔坦别克先发制人："你这个小货郎，你个穷小子还想娶我女儿？流氓 ！疯子！快滚！不然我把你的牙打得一个不剩！"说着掏出宝剑 ……

货郎看着苏尔坦别克说："你不愿意把女儿嫁给货郎阿斯克尔，一定愿意把女儿嫁给富商阿斯克尔 。"

二幕结束

三幕省略

第四幕

大幕拉开，灯火辉煌的大厅，婚礼装扮

仆人把小姐请回来坐在椅子上，看见这富丽堂皇，知道自己被抢到富商家，父亲准备把她嫁给富商，越看越生气，就想悬梁自尽结束此生。这时卖布歌响起“卖布卖布呦…”，货郎出现了，这时小姐看见一个穿着燕尾服，唱着卖布歌的青年。正在疑惑的时候，货郎把小姐抱下来，小姐一看是货郎，这才明白货郎阿斯克尔就是富商阿斯克尔……

这时苏尔坦别克出场，看小姐已经和阿斯克尔已和好了，就喊了一声：“你们都出来吧！我们的婚礼现在就开始吧！”

苏尔坦别克迎接姑妈。

维里带着泰丽（苏尔坦别克的女仆）。

苏力伊曼带着阿霞。

音乐起：四对新人在欢快的音乐中跳起了婚礼舞。

大幕徐徐落下……

正是：愿天下有情人终成眷属，为寻找意中人宁去卖布！遇小姐似天仙，一见钟情，四对人结良缘洞房花烛。

《货郎与小姐》的演出情况

由于剧中有浓厚的民族色彩，有动人的喜剧情节，有优美的音乐，所以很受观众欢迎。在解放军剧院上演后，先后在二钢、三钢等地以及市属各区县进行演出。

1962 年赴成都演出，当时去成都有四台戏，三台大型歌剧一台小型歌剧，其中《货郎与小姐》成为演出的主要剧目，观众上座率始终不衰。由于演出任务重，只有一组演员，负担太大，身体都吃不消，就迅速地增加排练了另外一组演员。有些青年演员在经验丰富的老同志指导下很快地登台演出了。而且通过舞台实践，演出水平大大提高。不断实践，不断提高，最后成为了团里的主要演员。而且这个剧目也作为团里的保留剧目，一直到 20 世纪 80 年代还在演出，演出中舞台美术也是每演一次都有新的改进和创新，使舞台更加精美华丽。我的一位合唱指挥朋友曾经对我说：“《货郎与小姐》这场戏太好了，我连看了三场。”

苏联阿塞拜疆著名四幕喜歌剧
貨郎与小姐
編剧、作曲：烏·加吉别科夫
譯配：孙靜云、希揚
导演：海嵐
指揮：王隆
設計：馬澤生
重庆市歌舞剧团演出

《货郎与小姐》剧本

《货郎与小姐》剧照　我扮演阿斯克尔

《货郎与小姐》剧照

《货郎与小姐》剧照

歌剧《夺印》简况

拒腐蚀永不沾　一心为民掌好权

1963年5月，我团根据扬剧《夺印》移植改编为四川方言七场歌剧，我扮演支部书记何文进。虽然当时任务紧迫，我还是专门到了巴县一品场，经领导介绍会见了一位优秀的支部书记，这位书记从形象到气质都合乎剧本的要求，他个子高，方脸，长发，上身穿着蓝色中山装，下身裤脚卷得很高，脚穿草鞋，不爱讲话，给人胸有成竹的感觉。我是晚上到他家的，他满头大汗地从大队回来，交谈几句之后他很疲倦，吃了点粥就睡觉了，房子里只有一张木床，也没有其他睡处。

我只好与他同榻而眠，天气炎热，虽有蚊帐可还是被叮咬不停。我辗转不能入睡，书记已经呼呼地进入梦乡。第二天早起之后，随便吃了点早点便匆匆地上班去了。山区生活艰苦，他一心工作，看起来压力很大，虽是一面之交，给我留下深刻印象，使我对扮演何文进有了信心。后来我演何文进的造型大体上就是这个支部书记的形象。

剧情简介

故事发生在1960年，党的好干部何文进被派到一个被阶级异己分子篡夺了领导权的生产大队。何书记坚持党的阶级路线，紧紧依靠贫下中农，展开了一场尖锐复杂的阶级斗争，终于从阶级异己分子手中夺回了领导权，生产大队重新走上健康发展的道路。

鸿门宴早看穿　针锋相对斗敌顽

剧中陈友利是一个隐藏在农村的阶级敌人，他以大队长陈光清为大红伞当上了大队委员。实际上控制了大队生产分配大权，陈友利为人奸猾，见新来的何书记进村，暗地设下鸿门宴。摆了一桌酒席，请何书记吃饭，表示接风，还有意地请来不少群众围观。他想，只要何书记喝一杯酒、吃一口菜，群众看见了就会认为他是陈友利的人了，就会对这位新来的书记失去信任。大队还是他的天下，可谁知何书记表面和气却胸有成竹。

陈友利："何书记，给你来个小接风，淡酒一杯。"

何书记（不动声色）说："党既然派我来陈家湾，今后就天天见面了。"

陈友利："何书记说得好，既来到陈家湾就是自家人。"

陈友利见书记不上席，对大队长陈光清说："你是熟客，你带个头吧。"

陈光清就坐下对何书记说："老何啊！"

但是何书记没有坐下，陈光清转头对陈有利说："主不登位，客不上席，你先就座吧。"

陈有利："对对对。"便坐下对何书记说，"请！托毛主席他老人家的福，鸭子是自己养的，菜是地里种的，请上座吧！"

正在犹豫的时候打了一个闷雷，何书记看看窗外的天气说："大雨要来了！"

贫农严德林上场说："何书记，大雨来了，山上大堰的梯坎儿冬天就没修补过，山洪一来要塌方的。"

何书记对陈光清坚决地说："我看田里积水可不少了，要动员社员开缺防水。"

此时陈有利说："你先吃饭，老严你也坐着，等会儿我叫光清布置一下就行了。"便举杯对何书记说，"请！"

何书记不睬陈有利，以命令的口气说："不，严大伯，咱们赶快上山查堰。"便奔出房门朝堰塘而去。

陈有利精心设计的阴谋面对何书记机智坚决的应对，既不吃也不喝，他的罪恶用心彻底暴露，同时也解除了群众对何书记的疑惑。

见诱惑稳如山　丑恶用心底朝天

陈有利见一计不成，又生二计，想派老婆胡一清端上一碗煮好的汤圆送给何书记，沿街叫喊："何书记吃汤圆啦！"开始了唱段："前湾跑来后湾喊，差点累坏了我的莲儿杆，哎呀何书记，为啥身上湿漉漉，哪个吃下这个苦。吃碗汤圆垫垫肚，晌午再吃熬锅肉。”

何书记一见这女人如此嚣张，便问道：“你这汤圆是哪里来的？”

胡一清说：“我给何书记搓的。”

何书记：“昨天你还说你屋里人都在当干部，公分少，粮不够吃，要队里救济你，今天怎么就搓了汤圆啦？”

胡一清：“宁贫自家一年，不穷客位一顿。”

何书记：“把你这套收起来吧。”转身对大家说，“大家下地干活去吧！”

最后何书记通过调查研究，查清了陈有利犯罪事实，在群众大会上，宣布了陈有利诬陷玉芳偷稻种，并居心叵测地想把一千多斤粮食沉在河里破坏集体利益的罪恶勾当，当场宣布逮捕陈有利，依法严办。真是群情激奋，大快人心！

歌剧《夺印》我扮演何书记

1963年6月16日，《夺印》在人民剧场上演，当时正在贯彻党的八届十中全会精神。观众十分踊跃，因天气炎热又连续演出，我有些体力不支，一次演出中，我一头栽倒在舞台上。稍微清醒后，我隐隐约约听到罗宏元指挥大家七手八脚把我抬到了附二院，经治疗后回家休息三天。停演三天后继续上演，一直演出40余场，此间为贯彻中央八届十中全会精神，京剧、越剧、川剧都先后上演了此剧。6月下旬，四川省委宣传部、省文化厅联合召开以《夺印》为中心的戏剧艺术座谈会，动员广大戏剧工作者投入阶级斗争中去，以戏剧为武器，贯彻党的八届十中全会精神。9月，团里又排了反映农村管理的七场歌剧《李双双》，剧中我演喜旺，B组。10月1日在人民剧场上演，根据巴县县委的安排，组成《夺印》《李双双》演出队到巴县各地巡回演出。曾去过白市驿、土主、虎溪、姜家、陈家湾等地。直到年底才回团，两个方言歌剧受到广大农民群众欢迎。完成了局领导布置的进行社会主义教育的光荣任务。

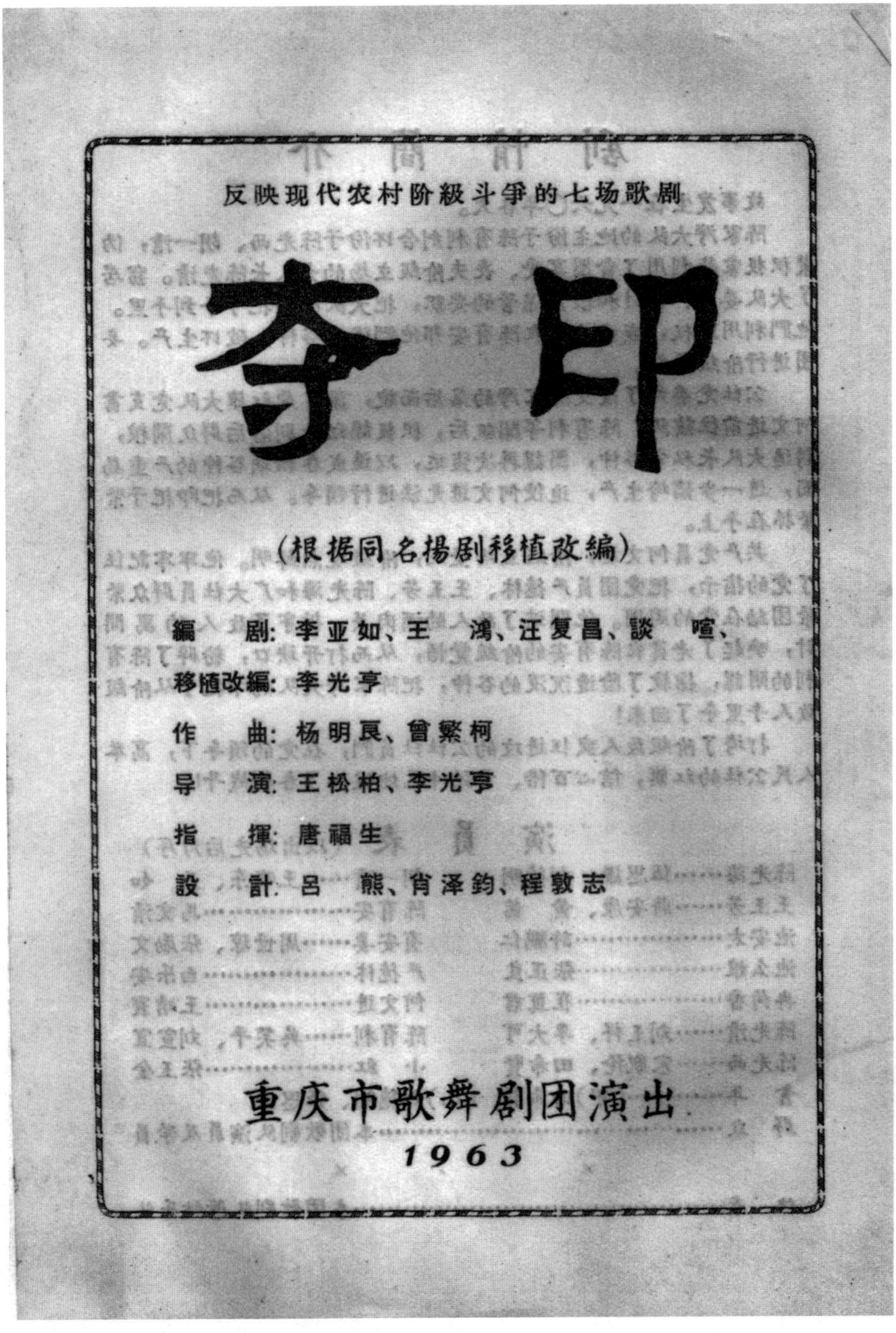

反映现代农村阶級斗爭的七场歌劇

夺印

（根据同名揚劇移植改編）

編　　剧：李亚如、王　鴻、汪复昌、談　暄、

移植改編：李光亨

作　　曲：杨明艮、曾繁柯

导　　演：王松柏、李光亨

指　　揮：唐福生

設　　計：吕　熊、肖泽鈞、程敦志

重庆市歌舞剧团演出

1963

《夺印》剧本

记忆的点滴

□ 王靖寰（在歌剧《夺印》中饰演何文进）

四川方言歌剧《夺印》是在1963年根据扬剧移植、改编、作曲而成的，剧中塑造了一个拒绝腐蚀的农村干部形象——支部书记何文进，通过他一系列的工作揭穿了村里阶级敌人的阴谋，取得胜利。

我在剧中饰演“何书记”一角，排练前，就被安排到巴县一品去体验生活，与当地的村支书同吃同住、同劳动。

戏里有句台词到现在我还记忆犹新，“何书记，吃汤圆咯！”是一个别有用心的妇女端着一碗汤圆，边走边阴阳怪气地喊，遭到何书记的怒斥。

首轮公演是在夏天，这部戏在人民剧场连续演了40余场。其中一次演出，我突然发起了高烧，昏迷中隐约听到罗洪元招呼一众同志把我抬到重医附二院医治，演出也被迫中止了3天。

歌剧《夺印》的演出非常成功，也很受重视，《重庆日报》刊登评论文章和照片，当时的四川省委宣传部还特意组织观摩演出，并开展主题座谈会。

夺印

（根据同名扬剧移植改编）

重庆市歌舞剧团演出

1963

歌剧《夺印》中扮演何文进

在歌剧《李双双》中扮演孙喜旺

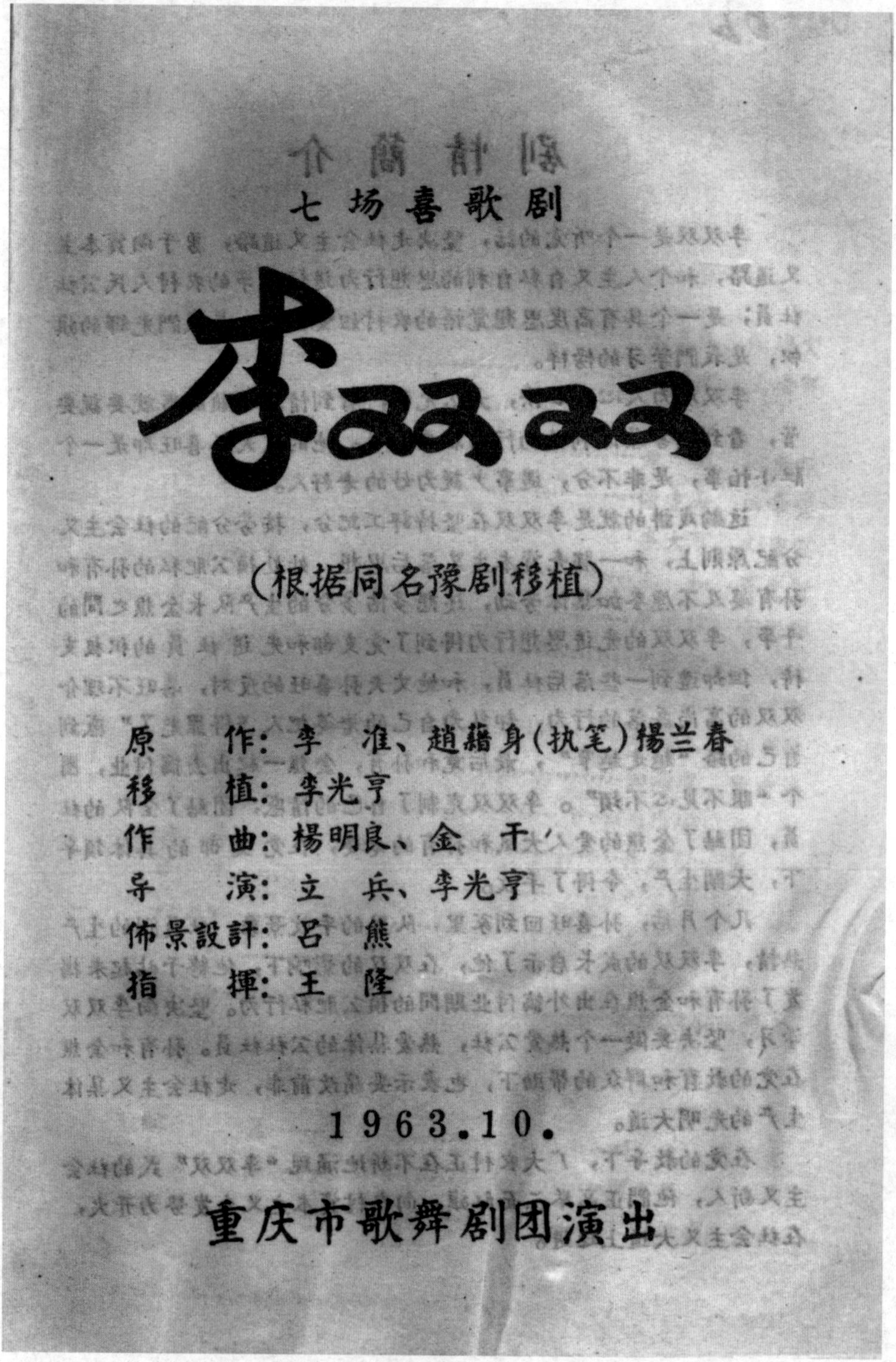

七场喜歌剧

李双双

（根据同名豫剧移植）

原　　作：李　准、趙籍身（执笔）楊兰春

移　　植：李光亨

作　　曲：楊明良、金　干

导　　演：立　兵、李光亨

佈景設計：呂　熊

指　　揮：王　隆

1963.10.

重庆市歌舞剧团演出

《李双双》剧本

抗美援越

闻得祖国一声唤　背起行装去越南

1965 年 9 月初，市文化局通知我去开会，参加会议的还有歌剧团的梁上泉、马朝华，歌舞团的郭陵生、周汉萍、单涪生、程德华、黄体人、关江歌，曲艺团的黄吉森、马光华，杂技团的曾德馨共十二名同志。会上李庆昇局长宣布，文化部决定我局组建一支四川文化工作队，随部队一起参加抗美援越。王靖寰任指导员，梁上泉任队长，去部队开展文化活动。9 月 5 日下午动身，乘车到铁道兵兵部报到。

李局长指出："任务是光荣的，也是艰苦的，而且有一定的危险，希望你们把家里个人事情安排好，随部队胜利完成任务！"听到这个情况我很激动，觉得自己身为一名共产党员，还未经过战火的考验，这是一次锻炼的好机会，感到领导交付的担子很重。可这时爱人已经怀孕好几个月了，我又不甘心失掉这个锻炼的机会，就向领导表示了自己非常愿意去完成这个光荣的任务。心里想，回去再和爱人商量下，她一定会支持我的。最后领导又交代一切行动保密，档案随身携带，整个任务不许外传。

我回家后把情况和爱人秋芳讲了，爱人说："你就放心地去，家里一切有我。"但是我还是不放心，毕竟爱人身怀有孕，就托付了李光亨和曾繁柯两位战友，请他们给予关照。

9 月 5 日下午，李局长亲自到车站为我们送行，队上除了老梁、老郭和我年纪稍长之外，其他都是 20 岁上下的小姑娘小伙子。我们高高兴兴地出发了，7 日下午我们到达了北京，铁道部派车把我们接到了兵部，当晚晚饭后，还安排我们观摩了一场《长征之歌》的演出。第二天，听首长为我们做战前动员，参会的还有其他五个文化工作队，包括湖南、河北、河南、江西、陕西文化工作队。首长指出：我们的任务是随部队入越，部队的任务是修建一条重要的公路，我们的任务是深入连队边锻炼，边创作，边演出，为部队服务。你们已经是国际主义战士，时刻记住我们代表着伟大的祖国、伟大的党、伟大的人民、伟大的军队、伟大的领袖，要显示出我们的国威、军威，等等。

在京期间，文化部部长周扬接见了我们文化工作队的全体同志。还组织了一场联合演出，几个队都出了节目，我们出的是代表四川特色的“四川清音”，马光华演唱，黄吉森伴奏，曲目是《小会计》《送公粮》，演出效果很好，受到部队热烈欢迎。

几日后，我们从北京出发到了昆明，昆明军区为我们放了内部电影《阿诗玛》，还看了云南省歌舞团杨丽坤主演的大型舞剧《南方来信》。

随后我们出发到蒙自，这时宣布了出国的一些政策，学了一些简单的日用越语。我们一律都换了军装，穿了海军军装，挎着背包和随身装备。首长指出，要做好吃苦的准备。他讲了一个故事：当时有一名清华毕业的大学生分配到本部队工作，爱人在青海，听说部队要开赴越南援越，心里打着小九九，因为胆怯和不愿意和爱人分开，他就朝自己开了一枪用以达到逃避援越目的……大家听了以后很受教育。好在我们这些川兵一个个朝气蓬勃，浑身是劲，无所畏惧！他们都很勇敢。

随后我们又到了草坝，在那里我们每人发了一支 54 式手枪、30 发子弹，还进行了实弹射击训练。由于是第一次拿枪，特别激动，用力过猛导致全脱靶了。只有一位最胆小的女同志，在惊恐当中扣动扳机，竟然打中了。

入越

在完成各方面准备工作之后，我们随部队出发了。为了保密，我们乘坐的是闷罐车，车厢上光秃秃，一关车门，黑乎乎密不透风，加上天气炎热，我们一身大汗淋淋。大家整齐地坐在车厢的地上，我偷偷地把身上重装备都脱了下来。行车到半夜，我们整队下车进餐，我急忙穿戴整齐，走到有一点灯火的地方，拿出随身携带的餐具，仅几分钟时间就匆忙地吃完、整队、上车，继续前进。过了没多久，就到了边境线，整队穿过了红河大桥，这边是云南的河口，灯火辉煌；那边是越南的土地，漆黑一片。过境后要求大家无声，只前进，行军几十里后到了部队驻地，此时天已经开始亮了。

驻地安排在一座小山上，各机关都分散分配在四周，战士们专门给文工队搭建了一座较为宽敞的房子，九个男同志共住在房子内。房子的中间是一张桌子，九张床分布在两边，再简单不过了。三位女同志安排在对面山坡上，同样也是给她们专门搭建了一个小屋。条件虽然艰苦，但是也对女同志做出了特别关照。安排就绪后，我们就被分配到各连队当兵去了。

两个月的当兵生活

我们九位男兵被分别安排到三个连队，再由连队分配到班里，三位女同志就被留在团部。到了班里，班长介绍了日常工作情况，我们文艺兵也和班里的战士同吃同住同劳动，开始了铁道兵的生活。

两个月里，我们首先对铁道兵这个兵种有了具体和深刻的了解，他们是最能吃苦的部队。他们修一条路要从挖地、打石头、炸山，直到灌浆铺路，每天都在露天里进行繁重的体力劳动，他们还是能战斗的部队，干活的时候枪都在旁边架成一圈，一旦发生情况便可迅速投入战斗。他们的连长曾向我介绍，他们就是在朝鲜战场上有名的“炸不断的317”。此连长就是那个部队的，参加过上甘岭战役。由于保证了交通的畅通，才保证了战斗的胜利。有的战士对我说：“部队都是要花钱的，而铁道兵是赚钱的，也是最辛苦的部队，其他兵衣服发一套，我们要发两套才够。”

通过和他们的同吃同住同劳动和接触，我们已经融为一体。不过他们对我们还是加以特殊的关照，由于我当时年长些，他们都叫我老同志。我当时32岁，这个年龄在部队确实是老同志了。这些年轻的战士生活得非常乐观，阳光活泼。我们每天一起起床、吃饭。中午在工地一起用餐，饭后休息一小时，我们就用雨衣铺在地上休息一下，然后继续工作。

领导对战士也是非常关怀，由于天气炎热，战士们劳累过后食欲不佳、体力下降。给我加餐，煮绿豆汤解暑，保证身体状况，我感觉这些领导都非常爱兵。这些都是对我们很好的教育。

两个月时间很快过去了，大家又集合到团部，开始了下一步的创作、排练、演出。由于我们人手少，发动大家人人动手搞创作。比如清音，我们用其曲牌重新填词，马光华同志就成功地填了几首词，而且演出效果非常好。也有的同志以前没有写过词，经过孜孜不倦的学习和实践，也出色地完成了一些曲目，比如黄体仁同志。

而我们队上的文字创作主要靠我们的队长——诗人梁上泉同志，他创作了大量的歌词和诗朗诵。总之，经过一段时间，创作了一大批反映部队生活的新节目。我呢，通过了部队生活有些感受，又鉴于我们队上有好几个年轻的同志，联想到我们生活的班里几个小战士的生动形象，编写了一个小歌剧《在红旗面前》，写的是一个班长和几个战士被表彰授予红旗之后如何正确对待，不应该自满、不应该停滞不前、戒骄戒躁，更好地完成部队交给的各项任务。因为是个小歌剧，作曲、指挥就由郭陵生担任（他还是出色的二胡演奏者）。乐队只有三个演奏者：二胡马光华、琵琶黄吉森、笛子曾德馨，这三位乐队同志很辛苦，什么节目都需要他们伴奏。戏里还需要打击乐，所以就只有让唱歌的三位女同志和梁诗人来担任了。这样就把“一专三会八能”这些老传统充分体现出来了。记得分配给老梁的是打锣，虽然经过了几次练习但还是达不到点儿上，也难为了这位大诗人了。在排演中几个小战士由程德华、马朝华、黄体仁来扮演，班长是单涪生扮演，我演指导员。由于体验了生活，几个战士演得非常像，因为反映了部队的生活，所以受到了战士们的热烈欢迎。

我们还排练了一个节目叫《数来宝》，因为不久前看过沈阳军区文工队一次演出，里边都是曲艺节目，其中有著名的曲艺专家朱光斗的《数来宝》，大家看了非常欢喜，所以我就写了一段《数来宝》。我和单涪生都练习了快板，经过一段紧张的排练终于演出了。部队首长和战士们看了都非常高兴，给我们很大的鼓励。

原来担心仅有 12 人的团队创作一台晚会怕节目不够、演员年轻，以及节目不成熟，现在看来不仅是完成了一场晚会，从演出到演出效果都非常好，非常受欢迎。战士陈生富为保证工程顺利进行，不幸被巨大落石砸成重伤，直到牺牲前都忍受着巨大的痛苦，但是他表现得非常坚强。根据他的光荣事迹，由梁上泉队长编写了一组诗歌朗诵，我们采用前边演员表演、后边朗诵诗歌的表演形式，节目生动，感人至深。

部队还组织了一次五个文化工作队的会演，大家回到蒙自，各文工队都分别进了汇报演出。其中陕西队是我们的老大哥，他们队的同志年纪偏大，都是在专业上有一定造诣的。队长是陕西歌舞剧院乐团团长梁文达，独唱演员是王淑德，还有一个舞蹈演员毛盖华，是一位能歌善舞的姑娘。乐队笛子独奏演员名字叫高明，其他各队都各有特色，我们进行了艺术交流。

会演之后，我们合影留念。

赴越南五队联合演出合影留念

一个小插曲

1966年2月下旬，大家正在紧张地排练时，连部传来了喜讯，是由梁上泉的爱人发给我的一封电报，这时全体同志都一窝蜂地跑到连部，原来是我爱人秋芳给我生下了一个漂亮的千金。我心里的大石头终于落地了，母女平安，并且是我日盼夜想的女儿。这时诗人老梁脱口而出，说了两句打油诗：

忽报人间生公主

长大唱歌不跳舞

由于大家都身在异国他乡，得此喜讯，都在为我喜得千金而高兴。这就是我的第二个孩子，第一个女儿，因我赴越而得名的王越。但是她不仅成为了一名非常会跳舞的演员，而且还是舞蹈学院的歌唱冠军，就这样她成为了一名能歌善舞的两栖明星。

意外的改善生活

我们驻地的蛇特别多，不远处就是我们的机要班。他们的桌子下边是个蛇洞，大大小小盘了很多蛇，开始同志们见到蛇非常害怕，后来发现这些蛇只要不惹它们，它们不会主动攻击人。

队里有两位战友单涪生、程德华，他们都有抓蛇的本领，可以熟练地抓住蛇的七寸，然后挂在树上剥皮，肉就熬汤，第一次熬汤很多同志们不敢喝，但是一尝味道不得了，香喷喷的和鸡汤一样。于是我们文工队会吃蛇就在部队里传开了。

有一次接到邻近部队电话，问我们要不要吃蟒蛇。我和黄吉森异口同声说“要吃”。这个小伙子浑身有使不完的劲，抓起一个铁桶翻山越岭取蟒蛇去了。不一会儿就提了一大桶蟒肉回来，能有十多斤，我们把一半肉交给炊事班红烧，另一半带骨头的我们就清炖了。炖了汤我们给左邻右舍以及团领导都送去尝鲜了，大伙一起狠狠地打了一次牙祭，改善了一次生活。

泪别

1966 年 11 月，国内早已爆发了“文化大革命”，各种消息不断地传到国外，我们执行的任务也即将结束，可这帮小伙子们都很重感情，与部队 13 个月的接触中，结下了不解之缘，都依依不舍地，不愿离去，黄吉森同志激动得写下了血书，要求留在部队。一年时间不长，同志们在思想上都是个大丰收，我们十二个人中有三个预备党员转正，四个加入了共青团，单涪生同志荣立三等功。

一年的部队生活给我们留下了美好的印象，生动的部队教育对我们的后半生都有着深刻的影响。在告别宴会上，这些青年本都不会喝酒，可是在和首长和战士干杯的时候却不顾一切地开怀畅饮，事后都喝得酩酊大醉。宿舍里并列的两排床，这边的同志吐了一地还没打扫干净，那边的一排又吐了一地。

第二天乘车上路时，部队的首长和战士们为我们挥泪送行，难舍难分的情形犹如老战士转业一般。车开出很远了，部队的同志们还在那里挥手告别。

悠悠五十二年前
十二青年结下缘
闻得祖国一声唤
奋不顾身奔越南
边创作，边排练
演出节目给兵看
摸爬滚打十三月
泪别战友凯歌还

抗美援越的时候在越南的生活照

抗美援越战友在重庆聚会

抗美援越生活照

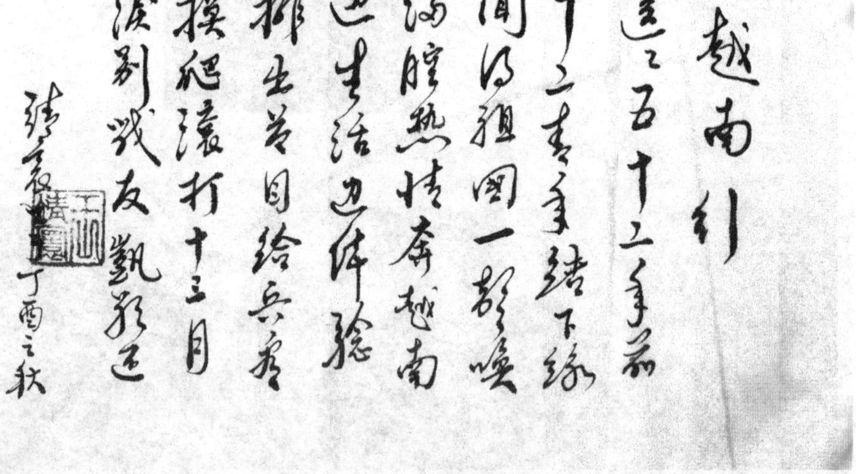

“文化大革命”时期

风云突变天下乱　钢铁长城挽狂澜

1966年11月，我们从越南回国。途经昆明，听着部队首长关于“文化大革命”的报告。我们感到这次运动不同以往，自己要做好被冲击的思想准备，正确对待群众运动，到了重庆下火车时，见到迎接我们的文化局长苏里，说了几句话就上车，回到八一路歌剧团，卡车开进团里的大操场，感觉团里比较冷清，似乎无人敢接近我们，倒是歌舞团队长邢志汶走了过来，热情地帮我提着行李边走边说“我们俩都是实权派哦”。好像他已经受到了群众的冲击，意思是说我们俩是同一类的人。这时我的儿子王锐抱着才满月的妹妹王越走了过来，对我说：“爸爸，这是妹妹。”我一看未足月就生下来又瘦又小的小婴儿，连说好好……一起上楼，回到了家。这时秋芳告诉我团里发生的一切。6月24那天，全国“文革”已经爆发，团里贴出一张很长的大字报《舍得一身剐敢把皇帝拉下马》，洋洋数篇，矛头直指当时的书记陈枫同志，说他是“保皇派”，所谓“皇”就是王翟王，即是我、翟秋芳还有一个姓王的导演夺取了团里的领导权，等等。霎时间，大字报铺天盖地，多是同意和支持大字报的内容，我想既然是十七年的文艺工作都属于文艺黑线，肯定我们是错的一方。但运动是指走资本主义道路的“当权派”，也就是团长和副团长，我当时是演员队的队长，不是决策人，我还够不上“当权派”的资格，但在团的领导下做了不少事情，我是知情者，也有错误，也可以批判，但责任应该由决策人来负，而且应该实事求是，这就是我当时的想法和态度。我住的房门上已经贴出了“周扬文艺黑线的走狗”这样的标语。随着运动的发展，“造反派”形成两派，一派叫“八一五”，一派叫“反到底”。当时的形势，风云突变，基层瘫痪，两派争权，部队收摊。两派斗争得很激烈，所谓权命相连，两派从大辩论变成了武斗，由钢钎变成步枪，从陆地到水上，逐步升级，城市空气紧张，人人自危。有好心的“造反派”对我说：“你算什么啊，你也可以造反嘛，北京的郭兰英都造反了。”我说：“谢谢你的好意，我虽然不够走资派，但也有错误，怎么能轻松地造别人的反呢？”另一派的同志也找我，给我看部队首长的讲话，说部队支持我们，你也来参加吧，我也只好推掉。我记得我和秋芳说，这次运动与以往运动不同，那时我们“打老虎”“三反”“肃反”，我们是积极分子，我们是动力。当时我们专案组的成员还外调，可是这次不同，我们是“三名三高”，属于革命对象的范畴，不可轻举妄动，更不要有投机捡稻草的思想，稻草就在脚下都不要动它。

我这辈子参加共产党就够了，不会再参加其他任何组织。后来两派都需要得力干将，都来找我，我都拒绝了。不如我好好学习，闭门思过，待雨过天晴，一切事情都会搞清楚的！我当时这么想，过了这个时期以后，我们还会在一个台上演出，一个锅里吃饭，何必那么针锋相对呢？所以我去西安的时候，将家里最珍贵的财产，一台缝纫机放到了一个和我观点不一致，比较倾向“八一五”派的一位老同志家里。

后来武斗升级，我上街买菜看见一个青年手提步枪，我观察了一下，他正瞄准财贸俱乐部门口的一辆卡车，开了一枪，一个女孩坐在驾驶位上，眼看着那女孩从车里一头栽下来，死了。我一看这问题严重了，当时报纸上在宣传十英雄的事迹，我很感动，我就在家里写成了一段快板书交给了单涪生，后来军代表还在查此事，追查谁是黑手。由于形势日渐紧张，团里的人越来越少，一到晚上风一吹遍地是大字报，灯光昏暗，我当时就在想“文化大革命”怎么搞成这样呢，到处荒凉，到处冷清？

八一建军节那天，“反到底派”有个小头目想叫我参加长征组歌的演唱，我答应了，也演出了，就在财贸俱乐部。我唱了“雪皑皑”男声那段领唱。

8月8日，我们全家决定离开重庆，登上了去西安的火车。车上十分拥挤，根本没地方坐，我们就在火车接头处的锅炉旁边铺了铺盖，把王越放在那儿睡觉。周围枪声大作。一派是反到底的军工宣传队，我团舞蹈队有几位同志参加了，他们上了船，顺江而走。另外一派是“八一五”，用穿甲弹向船射击，我们一位姓赵的舞蹈导演还中弹受伤。后来住院几年才好转，到现在也没完全恢复。这就是当时的“八八海战”。

火车两天两夜才到西安，中途走走停停，遇到武斗就要停车，平息之后再继续走。秋芳的父母安排我们到他们家里住下。西安就是西安，一切都很平静，市场供应也没问题，我们总算可以躲过枪声的威胁，过着平平安安的日子了。

十一前后，接到通知要回重庆进行学习，我和秋芳双双进入学习班。回到重庆后，重庆局势已经大为好转，武斗停止了。我们先参加了工宣队办的学习班，专门针对团里的中层干部和“三名三高”，学习毛主席最新指示，“斗私批修”。这些人在一起学习，大家都很放松，后期秋芳再次怀孕。紧接着全市文艺界集中到煤校学习班学习，吃住都在那里。每周只能回家一次，总负责人是部队的一个师级干部，都叫他金老参，团里也有军代表。1970 年，我回团参加交响乐《沙家浜》的演唱，当时歌舞队和歌剧队是合并的，书记是军代表，下边舞队是邢志汶，唱队是我，乐队是孟少卿、裴寿熏。我任支部委员，负责《沙家浜》的排练工作，在沙家浜演出之后，唱队就协助舞队排练舞剧《白毛女》和舞剧《红色娘子军》，为舞剧伴唱。也有少数女演员要参加舞剧的群众演员。

青黄不接成真空　改编海岛女民兵

这时外出“闹革命”的人也都回来了，歌剧也恢复了，可是老的剧目不能演，新的剧目还没有创作出来。歌剧队和歌舞队也分开了，邢志汶还是负责歌舞队，我负责歌剧队，两个队开支和核算也都分开了。我们听说小说《海岛女民兵》不错，我看了以后就决定改编成歌剧演出。买了十本小说，由陆棨同志执笔改编，我们组织艺术骨干阅读小说，然后坐在一起讨论一起创作。大概半个月时间，大骨架已经成形，为了弥补作者没有海边的生活经历，就派编者陆棨、导演王松柏，还有作曲杨永忠三人前去海南岛体验生活，回来后进行更细致的创作。经过全体人员的努力，1973 年 9 月 1 日在人民剧场隆重上演，这是“文革”以后第一部歌剧，博得了观众的热烈欢迎。西安歌舞剧院、铁道兵第二工程局文工团、湖北宜昌文工团、遵义文工团、自贡文工团、南充文工团等都曾来我团进行观摩交流活动。

难忘的松藻演出

1974 年夏，我带队去松藻煤矿慰问演出。煤矿工人敲锣打鼓，热烈欢迎我们的到来。在演出之前我们还安排了一次下矿井体验生活的活动。这里的煤矿是矮煤层，工人是在很矮的环境采煤，十分艰苦。我们穿着矿工的服装，带着矿灯，除了病号不能下井之外，其余的都要下去体验生活。结果下去之后像走在水里一样，里边黑漆漆的伸手不见五指，只能躺在煤流的上边，一直被冲下来，想坐起来是不可能的，只有几十厘米高，一直冲到矿的出口才站起身来走出黑洞，一个个出来以后，满脸黑得都认不出谁是谁了。记得当时还合影留念。这次演出的节目主要有小歌剧《送马草》等。《送马草》讲的是一个阶级敌人在马的草料中放了针，企图加害马匹，结果被一名少先队员发现，揭露了敌人的可恶行为并严惩了这个敌人。

我们住在招待所里还遇到一位老同志黄启璪，黄启璪同志他认出我来了，他对我说，我们是老战友啊！我们当时一起去朝鲜慰问志愿军战士，当时他是重庆市共青团团委书记。他来这里是为了调查红军坟的情况，是当时红军经过的时候留下的。

当年在松藻煤矿体验生活，演出

我和大伙下矿井

慰问演出进行得很顺利，但还是不幸地发生了事故，淹死了一个年轻学员赵善忠。我们住处旁边有条河，水流很急，到达后当天我就在全体会上宣布不要下水，下水后会有危险，结果在午睡的时候有三个同学偷偷去河边游泳，第一个顺利地游到对岸，第二个没游过去，抓住岸边回来了，第三个就是赵善忠，水性不好，跳下去就被水冲跑了。他们立刻回来报告，全团人和老百姓一起都跑到河边找人，还发传单打电话协助帮忙找人，几天以后得到消息，下游有漂浮的尸体，叫我们去认人，结果就是他，通知其父母，文化局领导也来了，处理善后工作。很遗憾地送走了一位年轻的文艺事业的接班人。

此后，我在小话剧《于无声处》中演何世飞，在歌剧《友谊与爱情的故事》中扮演詹金斯。直到1976年三中全会才宣布了“文革”结束，在三中全会的精神指导下进入了社会主义建设的新阶段。其间，我和郑波文移植的歌剧《灵与肉》上演。

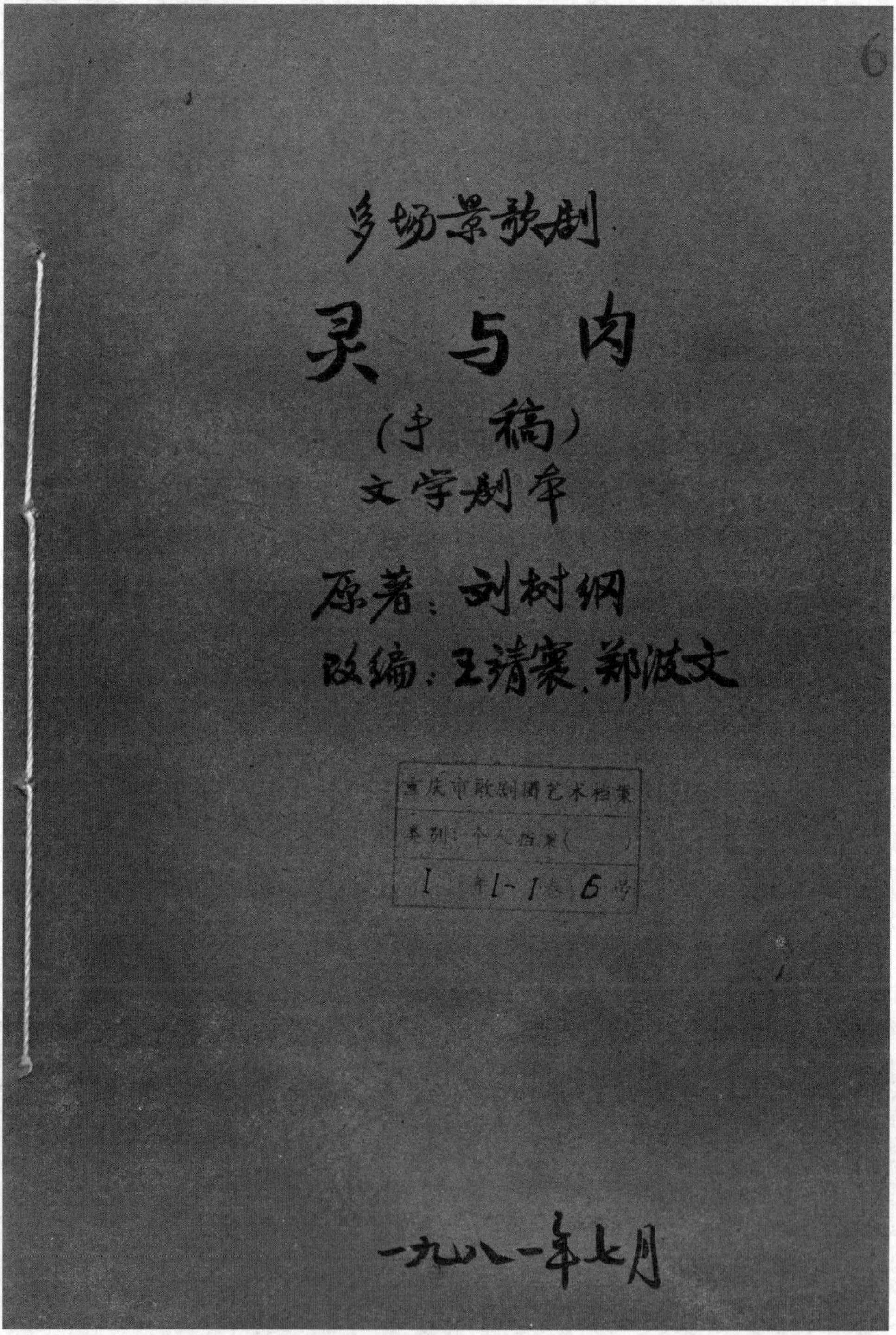

《灵与肉》剧本

歌剧《火把节》

歌剧《火把节》的前前后后

歌剧重担降我身　誓把美梦变成真

1977年，领导安排我担任歌剧团副团长，我心情很激动，一场浩劫刚刚过去，耽误了十年的宝贵时光，国家正处在百废待兴的局面，万马齐喑，歌剧还是一片空白。广大歌剧工作者都在摩拳擦掌，跃跃欲试，想创造出自己的剧目。我们重庆歌剧团是个老团体，更是急不可待，过去老团长吴毅同志早就有这个愿望，什么时候我们能够演出自己的剧目，走出夔门呢？这也是我们全团上下一致的美梦，就是要创作出自己的优秀剧目，对我国的歌剧事业做出微薄贡献。

创作是剧团的重工业、基础工业、难度较大，有幸的是，我们团有几位久经锻炼的老编剧、作曲家。比如陆棨同志，他在20世纪50年代就是著名诗人，曾为我团演出创作过《江姐》《海岛女民兵》两部大歌剧。根据他的要求，下到凉山彝族地区体验生活，打算写出一部彝族歌剧。在他深入体验生活的过程中，曾三次与彝族同胞共同一组，从最盛大的节日"火把节"中感受到彝族同胞在三中全会后发生的巨大变化，人的精神面貌也发生了可喜的改变。所以作者陆棨把原来已经命名为《穿红裙子的姑娘》的作品更名为《火把节》，团里经过支委会、团务会几次认真研究决定，集中全团力量进一步加工修改《火把节》，争取出川，为建国35周年献礼。

1979年，我去了一趟西昌，一来了解创作情况，二来体验生活。见到了陆棨同志，这里的生活比较艰苦，他为了采访一个对象要走很远的路，在深山老林里冒着太阳来来去去，看起来像个老彝胞。这种扎实的生活态度对一个作家是难能可贵的，更加坚定了我创作这部歌剧的信心。剧本经过修改后，送往中国歌剧研究会审阅。1981年，中国歌剧研究会把《火把节》列为全国6个重点创作剧目之一。我就托人把本子交给四川省宣传部副部长严永洁审阅。1982年严永洁因公到重庆时，在重庆宾馆接见了我、作者陆棨、作曲金干、导演王松柏几位同志。接见时她指出这部歌剧很好，充满了诗情画意，可以进行排练。我当时提出，重庆文化局经费紧张，请严部长向市委书记王谦同志反映一下，拨一笔排练经费。不久文化局通知我经费已经到位，团里立刻召开会议研究，全面启动《火把节》的排练、舞美设计、制作等工作，安排各部门的负责人和演职人员的名单，做好排练演出的一切准备工作。为了保证演出的艺术质量，我专程赴京请来了中央歌剧院院长、我们的西艺老院长、老导演刘莲池同志担任歌剧《火把节》的艺术顾问。经文化部艺术局的批准，他和歌剧研究会的联络员杨光江同志，一起来到重庆协助我们《火把节》的排练工作。团里演员同志积极练唱，乐队积极练乐。热情高涨，排练进行比较顺利。我们还着重安排了两个舞蹈导演，专门设计戏里有关个人舞蹈和集体舞蹈的设计与排练。

载歌载舞是这个歌剧的特色，对于烘托舞台气氛起到了很好的效果，所以最后在颁奖时，还专门颁发了一个舞蹈编导奖。经过四个月的紧张排练，1982年8月，《火把节》正式在重庆剧场上演。

为了征得中国歌剧研究会的建议，1983年6月，我带着录像带，专程赴京请研究会审阅。本想邀陆棨同志同行，无奈他因胆囊炎住院，我只能一人前往，好在北京有个亲戚，解决了我的住宿问题。

由于都没有能播放录像带的设备，文化部当时也没有，我只好东一家西一家地去问。一天烈日炎炎，我身背录像带，奔走在长安街上，见到了歌剧院的杨光江同志骑车路过，见了面，他答应我一旦定下来在哪儿播放，他可以帮我请研究会的各位同志到场，他还说："老王您着点，天太热，别太累了！"我很感动地说："没事儿！"他还答应，如果我们进京演出，他到火车站接我们。后来听说，总政文工团有这个播放设备，我去了以后受到了热情接待，他们答应我可以在那里播放。放录像那天，老同志来得很齐全，有作家丁毅、总政歌剧团长黄庆和《草原之歌》作者任萍等研究会负责人。舒模、刘郁民还有阎肃、刘莲池等……看了以后，大家情绪高涨，开了热烈的座谈会，我一边听一边记，总之给予了充分的肯定，指出来戏里面的妞妞演得很出色，也指出一些不足，尤其在布景方面，需要改进。陆棨的朋友阎肃也热情洋溢地发言。回来以后，我把会议记录给作家陆棨一份，也给市委宣传部一份。

1983 年 3 月，市委书记王谦看了戏，当时剧场紧张，就在长安机械厂礼堂演出。廖伯康副书记也看了戏，事后王谦书记说戏不错，可以出省演出，见见世面，去山西太原临汾一带演出嘛。

为了出省的经费，我又找副市长马力，申请了一万元的出省演出经费。可是布景的运输问题很棘手，不能用火车，后来就从储运公司雇了两台大卡车帮我们拉布景。这才完成了一切出省演出的准备工作。

全团上下一条心　高举火把出夔门

离开重庆第一站到了成都，经联系帮我们安排在文化宫演出，后来发现那天晚上正在演出川剧新作《巴山秀才》。四川省委领导都要看这个戏，我当时就找宣传部副部长严永洁，她正在开会，我去找她汇报情况后，她决定那天晚上请省委领导都来看《火把节》，其他人看《巴山秀才》，我心里这才一块石头落了地。演出时，当时的四川省委书记谭启龙，夫人严永洁都来看戏。我就坐在旁边。谭边看边说，这个戏是表现“联产责任制”的。民族事务委员会的领导也看了戏，给我们拨款 1.5 万元以资鼓励。成都演出结束后，我们就到了西安。西安演出也很顺利，我还约了曾经一起援越的战友来看演出。陕西省文联在经济不宽裕的情况下，招待我们全团吃了一顿羊肉泡馍。西安演出圆满结束。我们准备到山西太原、临汾、蓝天等地演出。为了保证天津的演出剧场问题，我则先行来到天津，找了一位老同学马超，是天津人艺的主要演员。我说了情况后，他非常热情地带着我去见了天津文化局曹火星局长（他就是《没有共产党就没有新中国》的作者，一位令人尊敬的老先生）。曹局长热情地接待了我，很快安排好了演出场地。在天津科学会堂演出。几天后大队到了天津，安排在会堂附近旅馆住下，天津物价很便宜，每日补助 9 毛钱，伙食蛮好。天津人艺的支部书记叫王慧芬，是我中戏的同学，主持召开了座谈会，对演出提了些宝贵意见。参加会议的有于淑珍、施光南等。原来王慧芬的爱人是著名作曲家王莘（他就是响遍中国的《歌唱祖国》的作者）。第二天请我和秋芳到家里做客，请我们吃了一顿豪华版的狗不理包子，王慧芬还邀请秋芳一起看她种的花卉，她得知秋芳也非常喜欢种花，就给了很多花卉的种子。为了解决北京演出剧场的问题，我又提前来到了北京。

千方百计来北京　没有剧场等于零

为什么要来北京呢？王谦书记并没有提我们到北京演出，事情是这样的，刘院长曾对我说过，贺敬之部长非常关心歌剧的创作，便对他说只要有歌剧来京我一定去看，所以我就一心一意地想把我们的《火把节》带到北京演出。我到了北京后，先到文化部艺术局汇报演出情况，提出想在北京演出，请求安排剧场。局里指出，来京演出要事先联系，临时来京不好安排，我一看再谈无意，就去了刘院长的家谈了情况，正在这时，他家里接到一个电话，是重庆歌剧团副团长陈启福打来找我的电话，我急忙接过电话，电话里副团长语气严肃地说："你不该去北京，市委宣传部给你严肃批评。"我愣了半天，心想真是屋漏又逢连阴雨，行船又碰顶头风。

站在一边的刘院长也跟着我着急，可是事情还没有到绝望的程度。原来在西安时，我与我团的二胡演奏员潘良忠同志谈过。因为他是从部队转业，他朋友的父亲在总后负责一些事情，可以帮助我们一些。当时我就派他直接来到北京落实演出剧场问题。下午我到了总政见到了他，他说："明天赵紫阳要来剧场作报告，我们后天才能使用剧场。"就这样，剧场问题终于解决。大队到达总后之后，由于住的地方比较紧缺，只能住在游泳池旁更衣室周围的房间里，负责布景的卡车也直接开到了总后。赵紫阳作完报告后，我们立刻着手布置舞台。第三天晚上 6 点多，刘院长和我说贺敬之要来看演出。我就跑到剧场门口等候，过了一会儿还未见到人。可是过了一会儿刘院长告诉我，贺部长已经在剧场坐下了。我赶忙通知后台立刻开演。

可谓是山穷水复疑无路　柳暗花明又一村

演出结束后，总后部长王平、解放军艺术学院院长魏传统等首长上台亲自接见演职人员，我则去找贺部长。我发现他站在观众席的过道上，便过去和他聊了起来，他听我介绍了《火把节》的情况，滔滔不绝地说了很多肯定《火把节》的话，尤其是对歌颂三中全会的精神和艺术形式上载歌载舞，诗情画意很满意。并说，明年会演你们就来，不会演你们也要来，同时他决定给我拨5000元的活动经费，这已经是最多最大的肯定了。

第二天大家放假休息，为了实现我对大家游北京的承诺（不到长城非好汉，组织大家游长城）。我便联系歌剧院的大客车，载着大家去爬长城。我曾经去过长城，我就和秋芳去舞蹈学院看我的大女儿王越。去了以后，吃了饭逛了街，放松心情后便送女儿回到了学校。从学校我们又回到了总后游泳池。一进门听到有人喊我，原来是乐队指挥王龙同志。他说“中宣部来电话叫你三点钟开会，你不在，现改为明天下午三点乘歌剧院刘院长的车到中宣部开会”。第二天，和刘院长如时赶到中宣部。只见贺敬之部长和李刚局长，加我和刘院长一共四个人。贺部长讲了一下对当前歌剧形式的看法。我尽力不漏一字地把他的讲话记录了下来。中间谈了很多关于《火把节》的具体问题，他还关心地指出你们两位主要女演员是不是留下来继续再学学声乐，便转头问李刚局长：“现在谁教声乐比较好啊？”李刚说：“金铁霖好，那就这样留下来学习一下。明年见。”会见结束后刚走出中宣部，杨光江来了，他把我的记录本拿去歌剧研究会了。就这样，我们北京的演出圆满结束。

全团拧成一股绳　火把照到北京城

回到重庆，我们马不停蹄，使《火把节》的演出在很短的时间内再上一层楼。

首先主题歌不够鲜明，对于一部歌剧来说，主题歌是非常重要的，应该给人留下深刻印象，而现在我们对主题歌不够满意，团里安排作曲家住在南温泉继续修改加工主题歌，为主题歌再做一次冲刺，要有所突破。

再就是对舞美提出的意见很多，需要大动干戈。前些年我到成都看过省军区战旗歌舞团演出，舞美比较突出，设计细腻，真实漂亮，我打听了设计人员叫陈振海，我想这次把他请来重新设计，解决《火把节》的燃眉之急。我到成都后，得知他已被调到省文化厅，川剧进京出国的设计都是出自他一人之手，我找到了他，谈了意图，他欣然接受。我就要求他立刻和我到重庆立即开始投入工作，随即他便与我来渝。他在设计上有些新的想法，利用塑料薄膜做成景片代替布料着色，在灯光的渲染下玲珑剔透，效果颇好，很适合我们《火把节》诗情画意的艺术要求。

为了保证灯光的效果，我们借用了话剧团的曹明书老师来团任设计灯光工作，当时市中区没有空的舞台，只好借用杨家坪长江剧场一用，经过一段紧张的制作，开始装台、调试、调整。我们全体舞美同志住在剧场，连夜奋战，直到全剧合成。

赴京前，市委宣传部刘文全部长来团做了赴京动员，这时又收到省里来电要求我们途径成都时演出一场，市文化局派一位局长带领我们前往成都。到达成都后，安排我们到文化宫礼堂演出，文化宫拉出“建国三十五周年献礼演出”横幅，演出前大会上副省长聂荣贵讲话颁奖。奖状上写：你团创作演出的《火把节》在歌剧革命化、民族化、群众化道路上勇于探索、成绩显著，特授予奖状以资鼓励。我便代表剧团领奖，文化局局长代表重庆市讲话，在蓉期间还与省剧协同志开了座谈会和盛大的联欢会，我和秋芳同志还唱了《夫妻双双把家还》，在告别成都赴京乘车时省文化厅杜天文厅长到车站送行。

进京后，6 月 12 日中国歌剧研究会调演我团《火把节》赴京参加全国歌剧调演。全国歌剧座谈会在京召开，我团陆棨、金干、王松柏和我参加座谈会，会议期间在天桥剧场演出《火把节》，周巍峙、伍精华、吴祖强、李刚俞、林张庚等老艺术家观看演出。7 月 5 日，歌剧《火把节》参加了文化部举办的戏曲、话剧、歌剧、现代题材戏剧会演。中央政治局委员宋任穷、中宣部副部长曾德林、军艺院院长魏传统及马少波、找寻、蓝光、郭兰英、王崑、严良堃等观看了演出。大会还召开了座谈会，我团陆棨、金干、王松柏参加 7 月 25 日文化部举行颁奖大会，《火把节》荣获演出二等奖、创作二等奖，还有其他单项奖，如导演奖、编舞奖、女主角二等奖、男主角二等奖、女配角一等奖、男配角二等奖、乐队伴奏奖、服装设计奖、舞台美术专项绘景奖等共 11 项奖。在京期间，安排全团同志赴北戴河一游。

返渝后，8 月 3 日市政府在市政协礼堂召开了《火把节》表彰大会，并为获奖人员晋升了工资。

10 月 1 日庆祝新中国成立 35 周年，北京纪念国庆 35 周年游行指挥部调《火把节》花车参加天安门游行，接受党和国家领导人检阅。全国一共 17 辆花车，这是我市空前的荣誉。

时年 7 月 1 日庆祝建党 63 周年，中共重庆市歌剧团党支部被评为文化局系统先进支部，10 月文化局任命我为歌剧团团长。

歌剧《火把节》演出后的部分评论与反映

在文化部1984年现代题材戏曲、话剧、歌剧观摩演出简报中，中国歌剧舞剧院李柯等同志对《火把节》的评论：看了歌剧《火把节》很兴奋，它像天空出现的彩霞，给歌剧事业带来了春天的气息，这部歌剧生活气息浓郁，主体健康积极，有鲜明的时代精神，全剧轻快似诗，达到了美的境界；演员形象好，语言、舞蹈、性格都美，妞妞是动的美，伊洛是静的美，音乐、舞台、服装、造型都美。给人强烈的艺术享受。舞美具有活化风格，有力度、有层次、色彩丰富、简便干净；演员训练有方，能歌善舞，水平比较整齐，大家一致称赞这部歌剧。

文化部艺术局局长李刚写了题为“振兴歌剧大有希望”的文章。文章中指出，《火把节》是一部载歌载舞的喜歌剧，民族民间色彩浓郁，并有丰富的生活情趣。音乐取材于彝族民歌，作曲对彝族民歌很有研究，融合得也很好。《迷人的火把节》一曲抒情、朴素、动听，彝族音调鲜明，给人印象颇深。舞蹈的编排在这部歌剧里是出色的，歌与舞结合得很自然、耐看且符合彝族的风土人情。这里舞蹈不是多余的而是剧情的需要、人物的需要。舞台美术的立意构思也很成功，布景设计以写意的手法虚实结合，把凉山地区的自然美展现在观众面前。白昼清晰明快，夜景朦胧隐现，都在统一的风格之中，前呼后应很有诗意。《火把节》将戏剧、诗歌、音乐、舞蹈、美术等糅和到一体，这是它在艺术上的成功之处。

作家肖兵写道：“至于舞美设计更是在观众面前展现出一幅幅彝族人民的风情画。”

歌剧界的老前辈们对《火把节》演出也给予高度评价与肯定。歌剧研究会顾问张庚认为，《火把节》的创作和演出十分完美，充满了诗情画意，从中看到了歌剧的希望。

白毛女作曲张鲁说：“《火》剧新颖活泼明快，给人以美的享受，看后十分激动。”

《江姐》作者阎肃说：“看了这个剧目，我很羡慕很钦佩你们团是个很有实干精神、团结得很好的战斗集体，只有这样才能取得这样完整的艺术成就。”

红珊瑚作曲家胡世平说：“结构好，文学语言美，音乐非常好，表、导、编、舞和谐，这是个很好的艺术品，千万要保护好它。”

《草原之歌》的作者任萍说：“我是评委之一，二十四个获奖剧目中《火把节》是全票，戏里的妞妞唱得好演得好，出现这样的青年演员我们很高兴。”任萍和胡世平还分别在《文艺报》和《人民音乐》撰文评价歌剧《火把节》，认为这个戏给歌剧带来了火把，增添了歌剧工作者的信心。

贺部长接见我时谈的几句话分量是很重的，他说：“看了《火把节》感到很有启发，这些年来没怎么坚持的东西他们坚持了，做到了。”我认为这是对《火把节》最高的肯定。

中共四川省委省政府向歌剧团颁发奖状，从而拉开了我省文艺战线建国35周年献礼演出的序幕。这出戏之所以获得成功，由于它具有饱满的政治热情，讴歌了当地十一届三中全会给彝家山寨带来的巨大变化，在歌剧艺术的革命化、民族化、群众化的道路上勇于探索、创新，闯出了自己的新路。我们在艺术上讲究质量，精益求精，重视培养使用中青年演员担任主要角色，使这出戏不仅具备鲜明的时代特征和清新的生活气息，而且具有浓郁的民族色彩和感人的艺术魅力。

美梦来自敢想　成功来自敢干

歌剧《火把节》走到今天首先感谢各级领导几年来扶持、支持、领导和资金的投入。剧团上下一条心，一股劲艰苦奋斗、百折不挠、争取胜利的精神，苦干出来的。正如作家阎肃指出，一个有实干精神团结战斗的集体。这个集体是老实验剧团老革命、老同志传承下来的，他们有着朴素实干的精神，艺术上求精的作风，他们把自己多年积累的丰富经验无私地奉献给青年一代，使他们能快速成长，《火把节》的几个主角都是1971年招来的学生。通过声乐训练、形体训练，大胆给他们实践机会，成为今天能挑重担的骨干。已经是花甲之年的陆棨同志自始至终满怀热情投入创作，扎实地深入体验生活，不怕苦不怕累，专心致志辛勤写作，历经八年几易其稿，不断修改，不断琢磨，才有今天的成果。我们乐队同志常年来一次一次地配乐，一次一次地合成。一坐就是几小时，相当辛苦，感谢他们！还有我们团的资料管理朱春晖，我们团长期的资料管理，几十年兢兢业业收集整理做了大量的工作，我向他表示感谢！

还有我们老院长刘莲池，他像以前一样关心我们团的工作，在《火把节》的戏里给我们出了不少好主意，对《火把节》有推荐之功，我们要感谢对歌剧热心的老人！

陈振海的舞美设计成就，辛勤的工作，对我们的支援功不可没，对诗情画意有着直接的非常好的表达。

谈到我自己，有一位老同志对我说：“《火把节》的说明书上怎么没有见到你的名字的啊？获奖名单和晋级工资的名单怎么也没有你啊？”

我想：领导任命我为副团长，这是对我的信任和重托，希望我把歌剧团的工作担当起来，本届支部提出的两大任务也是全团同志多年的两个美梦，经过大家团结一致，几年的辛苦终于美梦成真，所以我要感谢大家！

下边是我在《火把节》工作中发表的两篇文章

重庆日报

《火把节》与歌剧民族化

歌剧《火把节》在北京得奖了。八月初，《火把节》作为重庆市文艺界向国庆三十五周年献礼的第一个创作剧目，在剧场公演。

在荣誉面前，重庆市歌剧团不少同志萦回脑际的，是深深的思索：中国新歌剧“革命化、民族化、群众化”的方向如何坚持？目前歌剧舞台萧索的境况如何改变？

《火把节》的创作实践，回答了人们思索的某些问题。中国新歌剧，必须坚持周总理精辟概括的“三化”道路，才站得住；必须搞自己民族的东西，歌剧才能得到繁荣、发展。

中国歌剧发展的历史，充分证明了这一点。四十年代出现的《白毛女》，为中国新歌剧的诞生奠了基，形成了强烈反映时代精神、表达人民心声、具有群众喜闻乐见的民族形式的歌剧传统，至今仍有生命力。后来的《洪湖赤卫队》《江姐》《刘三姐》等，都是在这个传统影响下产生的有浓郁民族风格的新歌剧。

重庆市歌剧团成立三十年来，他们创作、移植作曲的《光荣灯》《小女婿》《一个志愿军的未婚妻》《红云崖》《喜鹊闹梅》等，都是在歌剧民族化道路上的探索和尝试。

《火把节》从开始创作到演出，经历了艰难曲折的过程。剧作者和音乐创作者多次深入凉山体验生活，甘苦备尝；创作上的失败、修改、打磨，煞费苦心。编导演及音乐舞美人员在演出形式的整体构思上，首先摒弃了大歌剧站着唱的形式，试图在民族化方面探索。他们借鉴了中国戏曲唱、做、念、打的传统形式，参考了中国歌舞剧边唱边舞的表演方式，还汲收了西方现代音乐喜剧中亦唱亦动的艺术成分。

在演唱方面，强调以情为主，既不是传统的美声唱法，也不纯属民间唱法，而是吸收前者呼吸、控制、共鸣之优，又采民间唱法吐字、行腔之长。表演上，溶歌、舞、剧于一炉，形成轻松活泼的喜剧风格。这样做，比较符合民族的欣赏习惯和广大群众的审美心理，也合彝族人民能歌善舞的特点。

《火把节》在歌剧民族化方面的创作经验，不只是因为剧本再现了彝族人民的生活，而是整个戏从内容到形式，都有鲜明的民族特色、浓郁的民族色彩。它的唱词、音乐、舞台美术等等，都展示了彝族人民的风情。

这就是歌剧《火把节》宝贵的创作经验。

于荣

《火把节》获大奖　出川进京美名扬

千载难逢大喜事　天安门前“火把”亮

美梦成真大家乐　没白辛苦没白忙

感谢歌剧伙伴们　团结一致力量强

图一

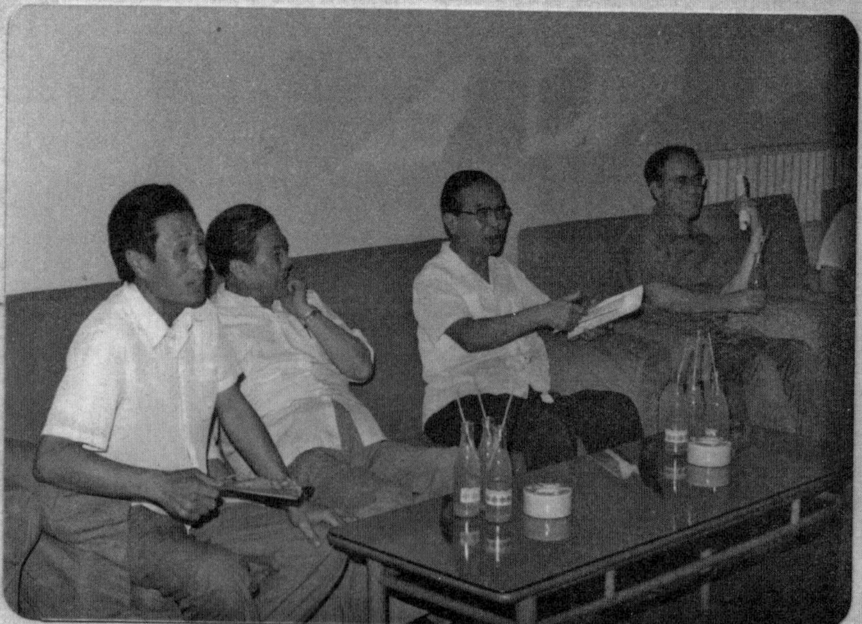

图二

与文化部艺术局局长周巍峙等同志座谈歌剧《火把节》

中共四川省委员会、四川省人民政府为歌剧《火把节》颁奖（王靖寰副团长上台领奖）

一九八四年现代题材
戏曲、话剧、歌剧观摩演出

六 场 歌 剧

火把節

重庆市歌剧团演出

中华人民共和国文化部主办

1984年7月 北京

《火把节》剧本

歌剧《火把节》排练时同艺术顾问刘莲池的生活照（前右 2）

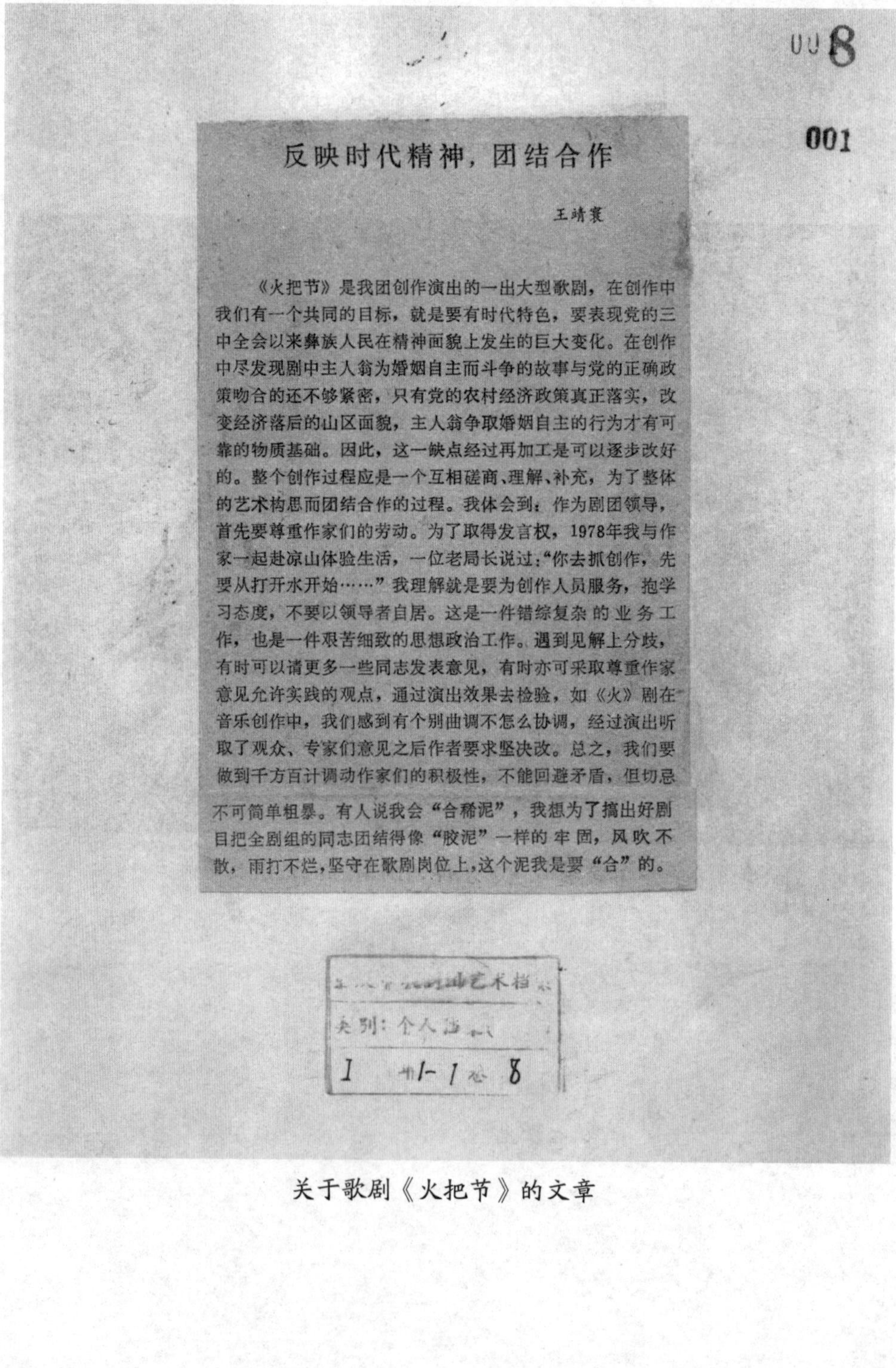

反映时代精神，团结合作

王靖寰

《火把节》是我团创作演出的一出大型歌剧，在创作中我们有一个共同的目标，就是要有时代特色，要表现党的三中全会以来彝族人民在精神面貌上发生的巨大变化。在创作中尽发现剧中主人翁为婚姻自主而斗争的故事与党的正确政策吻合的还不够紧密，只有党的农村经济政策真正落实，改变经济落后的山区面貌，主人翁争取婚姻自主的行为才有可靠的物质基础。因此，这一缺点经过再加工是可以逐步改好的。整个创作过程应是一个互相磋商、理解、补充，为了整体的艺术构思而团结合作的过程。我体会到：作为剧团领导，首先要尊重作家们的劳动。为了取得发言权，1978年我与作家一起赴凉山体验生活，一位老局长说过："你去抓创作，先要从打开水开始……"我理解就是要为创作人员服务，抱学习态度，不要以领导者自居。这是一件错综复杂的业务工作，也是一件艰苦细致的思想政治工作。遇到见解上分歧，有时可以请更多一些同志发表意见，有时亦可采取尊重作家意见允许实践的观点，通过演出效果去检验，如《火》剧在音乐创作中，我们感到有个别曲调不怎么协调，经过演出听取了观众、专家们意见之后作者要求坚决改。总之，我们要做到千方百计调动作家们的积极性，不能回避矛盾，但切忌不可简单粗暴。有人说我会"合稀泥"，我想为了搞出好剧目把全剧组的同志团结得像"胶泥"一样的牢固，风吹不散，雨打不烂，坚守在歌剧岗位上，这个泥我是要"合"的。

关于歌剧《火把节》的文章

重庆歌剧院在北京演出《火把节》的剧照

分房

拆旧建新8000平方米　全团上下住新房

争取建新房

歌剧团的宿舍是新中国成立前留下来的公安局办公室，墙体是两层竹结构，糊上石灰而成。一栋楼里没有厕所，没有厨房，只有二楼尽头的一端有个小水龙头，全团200余人只有一个公共厕所，男左女右。“文革”期间食堂没有了，家家户户烧火做饭，就在窄小的楼梯间生火做饭，烟雾弥漫，十分危险，楼梯和楼板年久失修，有些松动，有人走动的时候都有些晃动。

20世纪80年代初，我主持支部工作时，在支委会上提出改造全团的住房条件问题，经过大家研究决定，在支部领导下成立建房小组，小组长由副团长陈启福担任。发动群众，群策群力，争取在本届任期内改善住房条件。首先要把实际情况向领导和有关部门反映，有些地方可以用拍照的形式反映给上边看，经过一段时间的努力，市里派来一个处长了解情况，他说：“我没想到你们文艺团的住房条件竟然这么艰苦，经反映后确定为危房。”

另一方面，我团省政协委员翟秋芳同志曾在成都开会期间，向老领导任白戈同志反映了歌剧团的住房问题，任书记关心地说，你们要找孟广涵市长方能解决问题，恰好孟市长也在开会，找到他反映后，他答应回重庆解决。不久，马力市长来团了解情况，并告诉我们市里管危房改造问题的是王秀峰市长。我们又找到了王秀峰市长反映情况，把我们的情况做了详细汇报，之后又一起开过几次会，研究歌剧团住房问题，终于定下立项改造。项目定下来以后，我们及时找到设计院联系建房设计问题，设计院派了两位同志来担任我团的建房设计师，经过多次研究，最后经上级确定批准，原地建房8000平方米。

因为是原地改造旧房，所以现住的旧房一律要拆迁，但一下子解决所有人住宿问题比较困难，决定把第一期工程需要拆迁的先行拆迁，暂不拆迁的同志克服困难，挤一挤让出空间来给先行拆迁的同志们解决燃眉之急。团里的同志对建房都热情支持，纷纷做出积极行动，基本上把拆迁的问题解决了。

不久重庆市第七、第九建筑队进驻歌剧团承担施工任务。团部也要拆迁，就把档案、电话等搬到了原资料室办公。拆迁开始啦，歌剧团成了一个施工现场。

关于办公楼、排练场的问题

在改造住房的同时，原办公楼和排练场都是在首次拆迁范围内，当时重庆市尚属四川省领导。公房由省里批准拨款修建，这样一来，我们需要向市委反映情况，市委再向省级反映申请。我们派了专人来办理此事。不久，省里批准了。资金一到位，我们又着手设计排练场、办公楼。我们把排练场列为重点设计项目，对高度、空间做出了与正规剧场相同的设计要求。乐池也做出了高标准的设计需求。经过设计、施工，几个月的辛勤付出。1984 年住房和公房全部竣工，个别楼房还是全优工程。

分房

建房工程竣工之后，最后一步就是大家都关心的分房问题。我们为了使分房进行得合理透明，在支部的领导下成立了分房小组，各个部门都派代表参加，然后按工龄、家庭人口一一落实。经过反复研究、讨论制订出了分配方案，公布以后听到了不少的意见。一些意见认为是领导考虑不周，但是做些协调还是可以解决的，另一方面是由于同志们 30 年未变的住在旧房子里，如今有望分到新房期望值过高，心理产生落差，有不满情绪，又担心以后再没有分房的机会，便有个别同志采取了非正常手段想分好房、多分房，还有人送了现金作为贿赂。我听说以后置之一笑。还有个别的采取极端行为，“不分好房我就拉着你跳江去，咱谁也别好好活着”，总之当时大家把这件事看得很重，不过经过一段时间调整，大家都顺利地入住了新房。

而且我们还把与我团联姻的同志们都给分了房，我们还向市领导申请并接驳了天然气，大大地提高了生活和居住条件。应该说皆大欢喜。

结缘影视

初学影视到中心　另开天地又七春

1984年，结束了《火把节》会演，完成了建房分房的任务，到了1985年，市里安排歌剧团与中南橡胶厂结成经济文化联合体，每年为厂里演出40场。厂里拨款五万元给歌剧团，我与中南橡胶厂签订了合同，当年双方都履行了承诺。

1986年在局党委领导下，在巡视员席承授指导下，我和支部领导同志，歌剧团党支部，进行了整党工作指导，最后总结验收通过，此期间支部发展了陆桑、王玉莲两位同志加入中国共产党。1987年，自己感到身体有些疲惫。常言道，各领风骚三五年。我任团长已有十年之久，不如让出位置给年富力强的同志开拓前进，对工作更为有利。于是，我就写了申请书，之后经局领导批准，我到局领导下的开发公司所属影视中心任主任一职。

我到了影视中心，当时在职的只有雁杰、程显春、史萍三位同志，工资由公司拨款发放。除少量行政经费之外，没有业务活动经费，没有拍片设备，也没有拍片许可证。我感到人手太少，经联系，借来歌舞团的杨宪承、叶道南，还有后来的单涪生，不久又分配了一个转业军人裴军。因为影视中心没有拍片许可证，首先要去成都广播电视厅申请拍片许可。几天后拿到临时拍片许可证，有效期只有一年。

关于电视剧《陪都新闻》

我接手的第一部作品是四集电视剧《陪都新闻》，由夏祖声、白路平、陈飞三人创作的同名话剧改编的电视剧，剧中描写国共谈判期间发生的故事，周总理以大无畏的实事求是的精神，在如此尖锐复杂的情况下查清了真相。因为有总理的形象出现，属于重大革命历史题材，需经中央文献研究室审批后方能拍摄。我到北京经送审中央文献研究室审阅后，提出一些意见，经作家进行修改后，获得批准并出具了可以拍片的文件。在京期间，我还会见了周总理的秘书张影同志，她热心支持此剧的拍摄，并介绍了不少有关周总理的故事。市委宣传部对此片非常重视，部长刘文全亲自开会，请市属八个县出资拍摄此剧，并委任李兴泉具体负责此项工作。话剧团导演赵锵、田广才等老同志非常关心此剧并建议由上影黄祖模导演拍摄。经研究决定，我和白路平到上影落实此事。见了黄导以后，他很敬佩周总理。所以，他欣然接受了邀请并答应来渝拍摄《陪都新闻》，随行还带了拍片的灯光、服画、音响来渝协助工作，经剧组研究，请八一厂的古月扮演毛泽东，天津人民艺术剧院孔祥玉（《八一风暴》中扮演周恩来）来扮演周恩来，天津许道临扮演蒋介石，其他演员就在重庆解决了，话剧团的王建武扮演张治中，我扮演民主人士张澜。剧组建成后，黄祖模同志做了一个精彩的分镜头导演报告，博得剧组所有人赞赏。

11 月正式开机拍摄，剧组在黄导的领导下，怀着对周总理的怀念和尊敬，大家热情很高，拍摄工作比较顺利。前期拍摄工作结束后，后期制作在上海进行合成，在北京由李兴泉处长主持召开了《陪都新闻》首映式，张影写了长篇文章评论此剧。

几年来，我们还拍摄了电视剧《特殊案件》，这是我们与电视台合拍的一部影片，内容是我国执行《商标法》中的故事。不法商人经营的自行车厂冒充名牌制造，伪劣产品造成人员伤亡事故。经工商、公安调查查明真相，作了严肃处理。演员不够从峨眉厂借调，戏拍出后在央视一台和重庆台播放。

另一部电视剧《情系天涯路》由运管局出资拍摄。剧中歌颂运管处的管理工作，编剧是杨晓、作曲李海英、演唱王越，主演由峨眉厂的孙淳、傅丽丽担任。同样是在央视和重庆台播放。

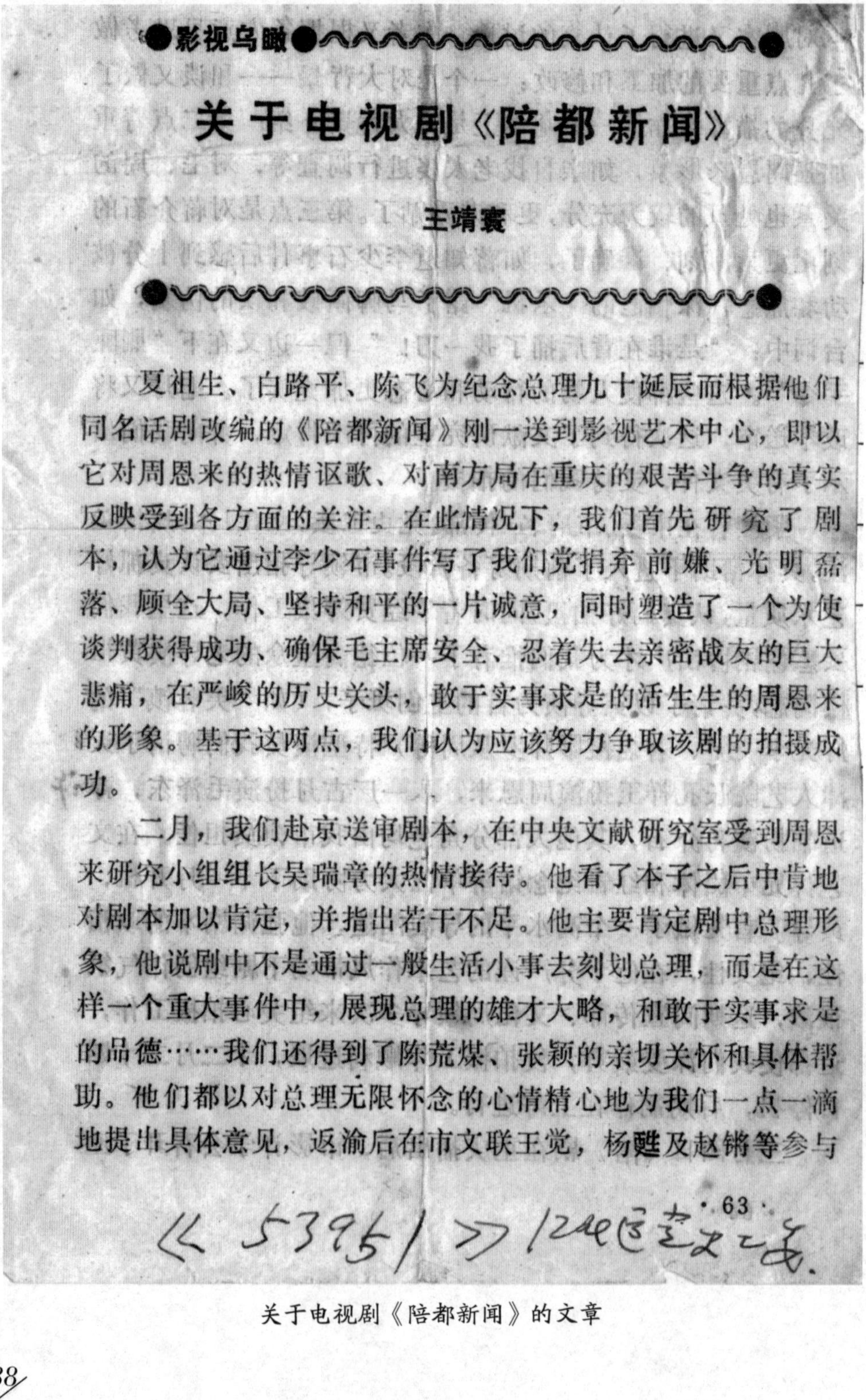

●影视鸟瞰●

关于电视剧《陪都新闻》

王靖寰

夏祖生、白路平、陈飞为纪念总理九十诞辰而根据他们同名话剧改编的《陪都新闻》刚一送到影视艺术中心，即以它对周恩来的热情讴歌、对南方局在重庆的艰苦斗争的真实反映受到各方面的关注。在此情况下，我们首先研究了剧本，认为它通过李少石事件写了我们党捐弃前嫌、光明磊落、顾全大局、坚持和平的一片诚意，同时塑造了一个为使谈判获得成功、确保毛主席安全、忍着失去亲密战友的巨大悲痛，在严峻的历史关头，敢于实事求是的活生生的周恩来的形象。基于这两点，我们认为应该努力争取该剧的拍摄成功。

二月，我们赴京送审剧本，在中央文献研究室受到周恩来研究小组组长吴瑞章的热情接待。他看了本子之后中肯地对剧本加以肯定，并指出若干不足。他主要肯定剧中总理形象，他说剧中不是通过一般生活小事去刻划总理，而是在这样一个重大事件中，展现总理的雄才大略，和敢于实事求是的品德……我们还得到了陈荒煤、张颖的亲切关怀和具体帮助。他们都以对总理无限怀念的心情精心地为我们一点一滴地提出具体意见，返渝后在市文联王觉，杨甦及赵锵等参与

·63·

关于电视剧《陪都新闻》的文章

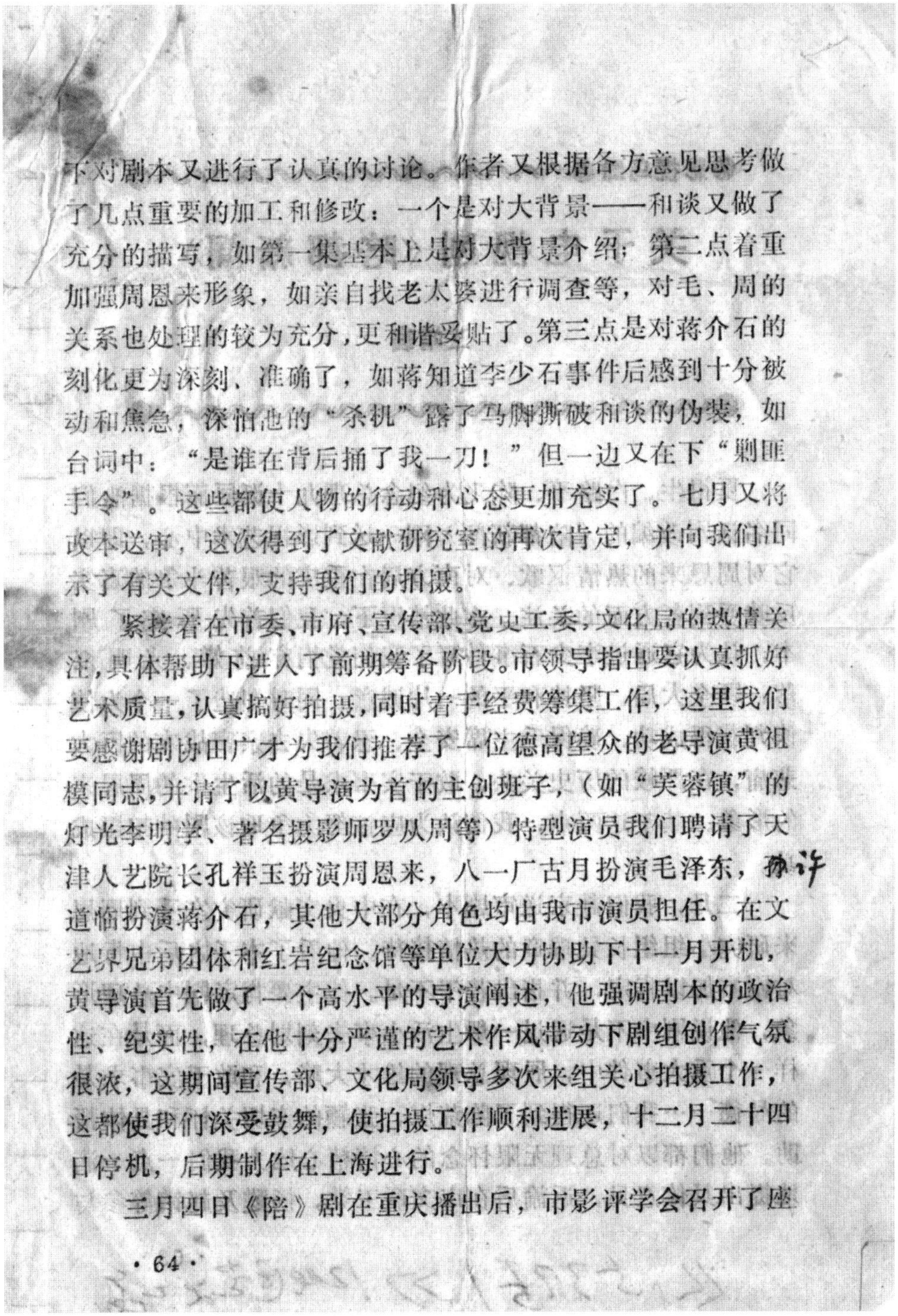
下对剧本又进行了认真的讨论。作者又根据各方意见思考做了几点重要的加工和修改：一个是对大背景——和谈又做了充分的描写，如第一集基本上是对大背景介绍；第二点着重加强周恩来形象，如亲自找老太婆进行调查等，对毛、周的关系也处理的较为充分，更和谐妥贴了。第三点是对蒋介石的刻化更为深刻、准确了，如蒋知道李少石事件后感到十分被动和焦急，深怕他的“杀机”露了马脚撕破和谈的伪装，如台词中：“是谁在背后捅了我一刀！”但一边又在下“剿匪手令”。这些都使人物的行动和心态更加充实了。七月又将改本送审，这次得到了文献研究室的再次肯定，并向我们出示了有关文件，支持我们的拍摄。

紧接着在市委、市府、宣传部、党史工委，文化局的热情关注，具体帮助下进入了前期筹备阶段。市领导指出要认真抓好艺术质量，认真搞好拍摄，同时着手经费筹集工作，这里我们要感谢剧协田广才为我们推荐了一位德高望众的老导演黄祖模同志，并请了以黄导演为首的主创班子，（如“芙蓉镇”的灯光李明学、著名摄影师罗从周等）特型演员我们聘请了天津人艺院长孔祥玉扮演周恩来，八一厂古月扮演毛泽东，孙许道临扮演蒋介石，其他大部分角色均由我市演员担任。在文艺界兄弟团体和红岩纪念馆等单位大力协助下十一月开机，黄导演首先做了一个高水平的导演阐述，他强调剧本的政治性、纪实性，在他十分严谨的艺术作风带动下剧组创作气氛很浓，这期间宣传部、文化局领导多次来组关心拍摄工作，这都使我们深受鼓舞，使拍摄工作顺利进展，十二月二十四日停机，后期制作在上海进行。

三月四日《陪》剧在重庆播出后，市影评学会召开了座

·64·

关于电视剧《陪都新闻》的文章

续图

谈会，会上作家们对《陪》剧给以热情的鼓励和较高的评价，同时也指出某些缺陷。三月十五日重庆日报发表了张颖同志（曾担任周恩来秘书）满怀激情的文章，她说：“《陪都新闻》是以李少石之死为贯串线，展现了那段历史的重大意义，在极为复杂的斗争形势中，通过处理李少石事件，相当完整生动地塑造了周恩来的感人形象，以往在一些话剧或电影中也曾有不少是描写周恩来的，但我感到在《陪都新闻》中的周恩来显得比较亲切，生动、丰富，突破了写领袖人物的许多思想束缚，写了生活中平凡又不平凡的伟大人物，而不是制造出可望而不可及的“神”的形象，所以是真实而感人的。”

关于电视剧《陪都新闻》的文章

拍摄进军大西南　芙蓉桥上起祸端

我们还拍了一部大型文献纪录片《进军大西南》，我有一个同学在中央电视台国际部工作，名叫戴维斯，在中央电视台国际部曾任《话说长江》《话说运河》等片的制片人，请他来做导演。片中除了利用已有的资料，片外剧组还需到外景地，进军路上实地拍摄。摄制组到了酉阳秀山一带拍摄。途径武隆时通过芙蓉江大桥，剧组从部队借来吉普车和司机协助我们拍摄。在通过大桥时，不幸撞断防护栏，连人带车掉入江中，剧组同志一边请群众协助打捞，一边向县里反映情况。我正在家中，接到电话后迅速到部队反映了情况。部队马上派一个处长随我一路直奔芙蓉江。连夜赶到芙蓉江边，武隆县委派出了打捞队，江边群众人山人海，都在帮助打捞队打捞江中的车和牺牲的战士，大家奋战了十几个小时才将吉普车捞出水面。大家用绳子拖到岸上，战士的尸体也一并打捞了上来，连人带车装进卡车里拉回重庆。第二天部队开了追悼会，部队由首长和战士们参加，文化局局长郭汝魁和剧组同志也来参加了追悼会，战士远在山东的父母也赶来了。

大家以沉痛的心情对家属表示慰问，这位战士在剧组中表现得很好。就在过桥时，他叫别人都下去，自己开车过桥，不幸途中出了事故。血的教训告诉我们，任何时候安全永远是第一位的。

七年来，影视中心的工作得到了上级领导的关怀、支持，得到了有关企业的赞助和支持，在比较困难的条件下，中心的几位同志努力工作，拍出作品 30 余集，大部分都是歌颂社会主义建设的好人好事和革命历史题材，内容健康有益。1993 年我已 60 岁，按规定在各剧团办理了退休手续，结束了影视中心的工作。

《陪都新闻》我扮演张澜　孔祥玉扮演周恩来

电视剧《陪都新闻》（左一）许道临扮演的蒋介石　（右一）古月扮演的毛泽东

电视剧《山城棒棒军》中蛮牛与工程师对话剧照

退休生活

老有所为献余热　夫妻同享老来乐

退休20余年来，我先后从事过以下四项活动：

第一项参加重庆市老年合唱团

原歌舞团团长陈岚任指挥

重庆大礼堂

纪念周恩来总理:《歌唱周总理》

双臂挥出千歌万曲

昂首高歌长江黄河

——忆陈岚

你没参加过合唱大赛
也从未有过金银奖杯的显赫
可你为合唱艺术
投入了你的身心“整个”
尽管你长期疾病缠身
身体非常虚弱
你以惊人毅力战胜病魔
对事业表现出罕见的执着
记得前年排练革命歌曲
你一上指挥台
就像一团炙手可热的火
极大地鼓舞了合唱队员
对我们也是一种有力的鞭策
你亲手培育的老年合唱团
是你晚年精心浇灌的成果
每支歌都渗透着你的心血
对每一点进步你都无比欢乐
遇到难题或重大决策
都要找你商量定夺
合唱团晋京参赛
你亲自送行
合唱团归来
你到车站为大家祝贺
你为人豪爽，刚直不阿
你不会奉承，只会实话实说
你不计较个人得失
事业为重，对名利淡泊
你很重视幼苗的培养
如今都已长成大树巍峨
你毕生追求的合唱事业
在神州大地开展得蓬蓬勃勃
你魂牵梦绕的老年合唱团
如今人才济济、歌曲多多
安息吧！陈岚同志！
你永远是我们团的精神支柱！
你永远是我们心中的楷模！

男高音声部 王埼袁

怀念已故前重庆歌舞团团长兼合唱指挥陈岚

重庆老年合唱团是由原歌舞团团长陈岚等同志领导组建而成，至今30余年，属市老干中心领导，多年来奖状多多，奖杯林立。我和老伴离退休后，在陈岚团长的热情邀请下先后加入了老年合唱团，当时合唱团的团长兼指挥陈岚同志领导大家演唱一些革命歌曲，每周活动半天。

每次练歌也是一次老同志的大聚会，大家高兴地在一起唱歌、聊天。每到春天组织郊游，每次外地参赛，也恰似一次旅游。记得前些年我们去无锡参赛时，那天正是中秋节，也是正赶上秋芳同志生日，团里买了蛋糕为她庆生，好好地热闹了一番。

2002年重庆电视台中秋晚会演唱《牵手》

北京中山公园演出

女声合唱

合唱团的演出中，也曾安排我和秋芳对唱《夫妻双双把家还》，有时也安排我唱京剧《铡美案》。

记得无锡演出期间，大家先乘船到武汉后再坐大巴到无锡，船上观赏三峡风光。在无锡观看了灵山大佛，很是壮观。乘船游太湖，一路笑声不停，歌声不断，同志们之间非常融洽。

近年来，请来了景跃进当指挥。他是四川音乐学院毕业，专门学过声乐。到了合唱团以后每次在练习之前，都要在他的指导下练声，多年来一直坚持练声，不断地用正确的发声方法要求大家。我个人都有很大的收益，声乐是个发声习惯问题，不断调整才能达到正确方法，需要长期细致的磨炼，合唱团在他的指导下，水平不断地提高，这和他的辛勤劳动是分不开的。

2012 年我的心脏病发作，手术后从此就结束了合唱团的活动。

前些日子，团里庆祝建团 30 周年，我写了个贺词如下：

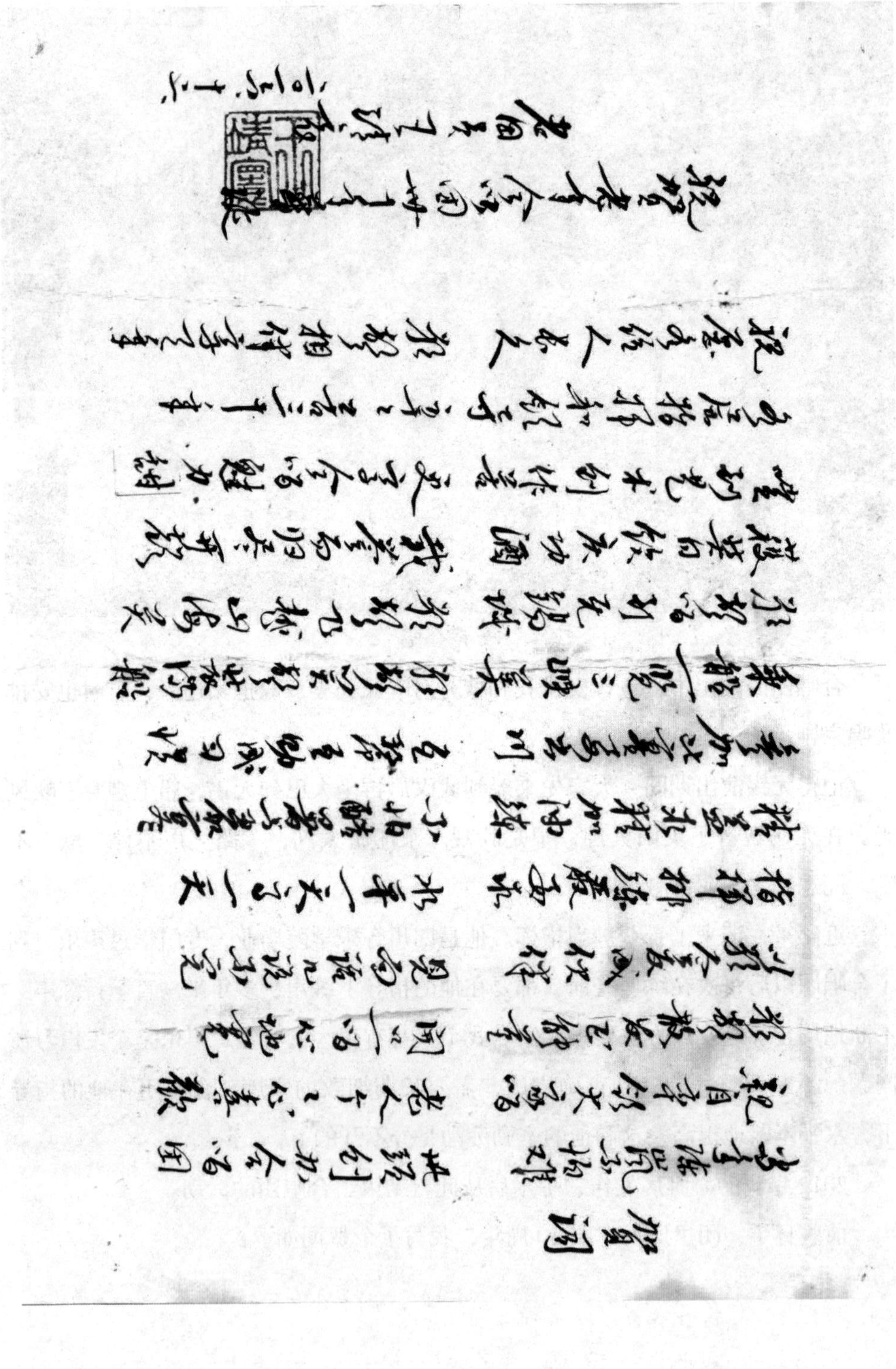

第二项活动

住龙湖进花园义务创办艺术团

边演出边排练忙忙碌碌又七年

抗战胜利60周年大型合唱活动合影

2001年2月，我家搬到了龙湖花园。

在交费的过程中，物业何长春同志问我有什么业余爱好。

我回答了他的问题。这时他知道我和秋芳是歌剧院的，于是他就提出可否帮助龙湖发展社区文化活动。我俩想：就住在这里，帮帮忙是应该的。这样何长春决定：我和秋芳还有常承菊、卢家齐四人参加了何长春任组长的艺术团筹备组，在小区会所里召开成立艺术团的动员大会。物业领导、地产领导都到会讲话，会上龙湖地产的领导当场宣布拨五万元现金为艺术团活动开支。

会后登出广告，诚招艺术团成员。成立之初只有十几个人报名合唱队。当时由于没有乐器，还借用了业主陈定樸的手风琴练习歌曲。

舞队由常承菊同志外号“大姨妈”担当领队，另一个负责人是金辉，协助常承菊带领舞队。

我还组织了几次京剧票友活动，开始我怕锣鼓声音太大干扰业主们，后来和物管何长春沟通，他说现在我们这儿太冷清，需要的就是热闹。

有一次，我还请来了京剧团的著名演员沈福存、王宗龙来园演唱。

在开心会所里，边喝茶边演唱，锣鼓声声，京韵缭绕，好不热闹。

2002 年 5 月，艺术团正式成立，公布了负责人名单：我任团长，秋芳、常承菊任副团长。公布了组织构架以及章程。后来逐步发展，成立四个队：合唱队、舞蹈队、时装队、京剧队。

每周都安排一次活动，各队都排出了比较好、比较成熟的节目并组织演出。

在物业公司的安排下，参加了很多次庆典和节日晚会。

2002 年 10 月 4 日胡锦涛同志观看演出后与龙湖艺术团全体合影

本人创作并演唱的京歌《中国奥运定成功》

我和秋芳在龙湖花园

京剧票房活动

合唱队是个重点，多的时候有好几十人。四个声部，每次在排练之前，翟秋芳同志都带着他们练声并指导，逐渐地提高了合唱水平。在指挥的带领下练习歌曲，有抗日歌曲、革命歌曲，如《黄河大合唱》《太行山上》《长城组歌》《娄山关》《我和我的祖国》《春天的故事》等。

合唱团还先后受到党和国家领导人接见，胡锦涛、江泽民等先后来园观看艺术表演，并合影留念。

为纪念抗日战争 60 周年，全市举行大合唱会演，龙湖合唱团被指定参加，是唯一一个社区合唱团。我们组织了 90 人的合唱团演唱了《军民大生产》，陈定普指挥，效果非常好，反响非常热烈。

团里还曾排过一个大型歌舞表演，反映社区业主的幸福生活。全团排练有半个月，在文化宫参加小区物业管理文艺节目比赛，荣获金奖。

艺术团还和友邻单位多次联欢演出，比如和加州艺术团、老年合唱团、西南航空公司等单位进行联合演出，这些活动活跃了小区的生活。

2007 年，本人由于年事已高，我和老伴就辞去艺术团的职务。

后来，我只管理一个京剧队，每周一下午活动，至今未曾间断。

《捉放曹》我演曹操

《遇皇后》我演包拯

《壮别》我演黄盖

《白良关》我演尉迟敬德

我清唱京剧选段

第三项活动：

实现同年京剧梦，票房学戏苦用功

练胡琴

20世纪90年代退休后，有机会接触资深票友邹一鲁先生。在一起聊天时，知道我也喜欢京剧，他建议我参加票房活动，我答应了先去试试。去了几次票房活动之后，排除了心里的紧张，可以跟着乐器放开地演唱了。这样我先后在市中区文化馆等票房参加活动，在票房活动中遇到了很多热心的票友，帮我指出板眼的问题，使我很快地学会了不少唱段。京剧团原琴师许超老师亲自到我家为我说戏，把上海尚长荣唱的《曹操与杨修》的录音带和谱子都给了我，并为我拉琴，有时约我到票房去唱，跟着他一边学一边唱，去过很多票房演唱，结交了不少知音。

李永定、方维贤二位老先生会的戏很多，李老师还把《捉放曹》的剧本送给我。我们两个还彩唱过《捉放曹》公堂一场。方老师建议我唱《探阴山》和《锁五龙》，因为这两段戏是最难的唱段。有一次遇到厉慧福老师，他教我唱了《铡美案》，我第一次彩唱包公还是厉老师给我画的妆。

总之京剧界和票友界都非常热心，他们欢迎每一位喜爱京剧的人参与活动，希望京剧艺术发扬光大。在票房我还结识了为我伴奏的几位琴师。接触较多的有畦万中琴师，他不但热心为票友拉琴，还指出你的优缺点，使我受益匪浅。几年来，我彩唱了《壮别》《二进宫》《遇皇后》《白良关》《捉放曹》等唱段。慢慢地，我对博大精深的祖国瑰宝——京剧有了比原来更深一步的了解，如在音调上，开始的时候《铡美案》唱 D 调，慢慢地唱到 E 调，后来有的唱段可以唱到 F 调。可见京剧发声是由一套方法，所谓的脐下三寸、脑后音等。一旦用上腹部呼吸，上边的位置摆对，既可以发出洪亮的高音。这是我一点个人粗浅的体会。在乐师们和票友的帮助下，我唱腔方面有所长进并对京剧艺术也更加热爱。

后来我在龙湖花园成立了京剧队，请来了吴小平老师（他曾在涪陵京剧团当专业琴师）来园拉琴。一些业主从不会唱，经吴老师指点后到现在可以唱《凤还巢》大段唱腔，兴趣也大大提高。乐队从三大件也增加了武场。票房的水平也逐步提高，唱戏已经成为我晚年生活中不可缺少的重要活动。

第四项活动

绘脸谱、练书法　晚年生活很潇洒

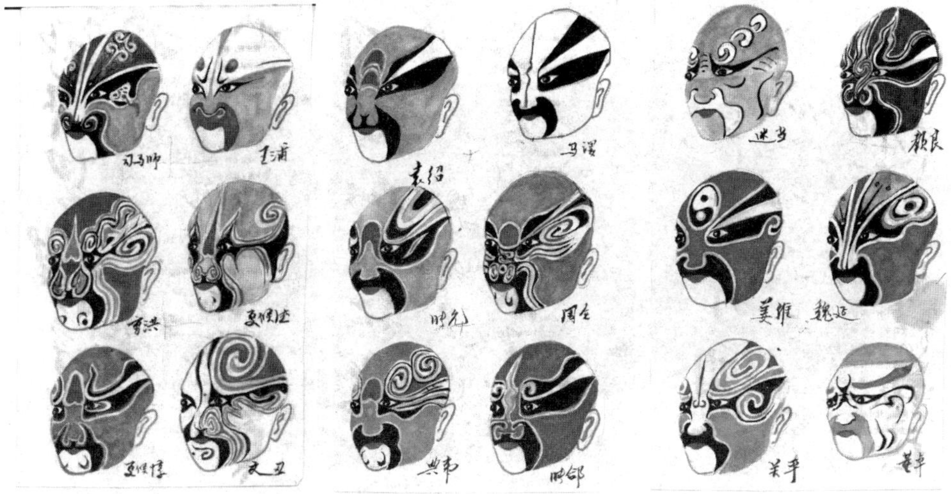

自绘京剧脸谱

在与票友的互相切磋中，过去唱不好的段子，现在经过努力都可以唱了，其中资深知名票友何宝禄参加我们票房活动，给票房增色不少。我们一起唱过《托兆》《空城计》《断密涧》，合作中对我有不少的帮助，使我的京剧情更深、兴更浓！

“学而时习之，不亦乐乎。”也正是在票友们的帮助下，我参加了“梨花杯”比赛和“明月杯”比赛，一次获得金奖，一次获得一等奖。这要感谢票友界朋友们的厚爱和帮助，使我这个耄耋老人受此殊荣。

梨花杯

获得明月杯京剧票友清唱大赛一等奖

提起票房话儿长，国外唱戏也风光

有时候到国外旅游，也时常想到要去票房活动一下。但是时间短，又不知道票房在哪里，有时打听到票房路途太远，出行不便，很难能成行。

2006 年在多伦多票房

我与秋芳在美国

我与秋芳在东京

一次在东京，大女儿带着我坐公交，坐地铁转了几次车才到了一个饭店，在一个大厅里边正在搞京剧活动，已经开始演唱了。听了几个日本女孩唱京剧，唱得很认真，我很吃惊，外国人竟然有这么爱好京剧的人。后来我唱了一段《遇皇后》里包公的一个唱段，这里有音响设备，效果不错。这是一个办了多年的老票房，主人是这家酒店的老板，老板娘热爱京剧专攻程派。票友实行会员制，每年交一定会费，然后每周六上午活动一次，唱完戏共进午餐，已经延续多年。接着我听到一位来自中国京剧院的花脸演员唱《探皇陵》，唱得不错，我们交谈了好一会儿。最后，老板娘唱了一大段的程派唱腔，板眼清晰，味道满浓，果然不错！我还了解到他们还组织演出，有的女孩还到中国学京剧，采购服装。我看到他们彩唱《坐宫》的录像，很是正规。

一次在美国堪萨斯州维吉塔市，小女儿在那里住过一段时间。我和老伴去看她，正值春节，小女儿组织了美国学校的华人跳了《在希望的田野上》的舞蹈，她是导演兼领舞，跳得还真不错。后来我和老伴唱了《夫妻双双把家还》《敖包相会》，最后我唱了段京剧《遇皇后》。由于是春节，华人都有思乡之情，观众听到京剧很激动。一位美国中年人似乎懂一点京剧，他很正式地对我说，听这么好的京剧真不容易。

最后说一下多伦多的票房。这里华人很多，有好几个票房。也有专业京剧演员参加。过年时还正式演出过。这里一部分是祖国去的留学生及其家属，一部分是香港人听说祖国回归，心怀恐惧去了加拿大。后来香港更加繁荣，他们中的年轻人又纷纷返港，而老人就留在了此地。其中就不乏京剧爱好者和戏迷，他们几位老先生组织票房，每周坚持活动，虽然简陋，但热情不减。了解后，最具规模和水平的是圣保罗票房。那里距离我的驻地比较远，开车要半个多小时才能到达。这里参加活动的人多，有一个很好的琴师，有文武场。我见到票房创始人之一的老先生，90多岁高龄，每次活动自己驱车带着老伴参加，我看到他在票房里时而拉琴，时而打锣，有时还唱上一段，欢乐一番之后再驱车回家，老伴就在那儿观看。

这里确实票友多，水平整齐，只是缺乏花脸演员。这里的老生演员就约我唱《捉放曹》，青衣演员约我唱《霸王别姬》，老旦演员约我唱《赤桑镇》，真有点应接不暇，没想到我成了香饽饽。一位清华大学毕业的学子，在这里唱奚派老生，水平很不错。去年他回到北京还来重庆和我还见了一面，短短的时间里我们请了琴师，还唱了几段戏，我们成了好朋友！

度过八旬已高龄　喜逢全国话养生
熟知养生千条计　保持一个好心情
老汉唱歌歌声亮　老伴爱花花茂盛
牵手走进新时代　白头相伴夕阳红

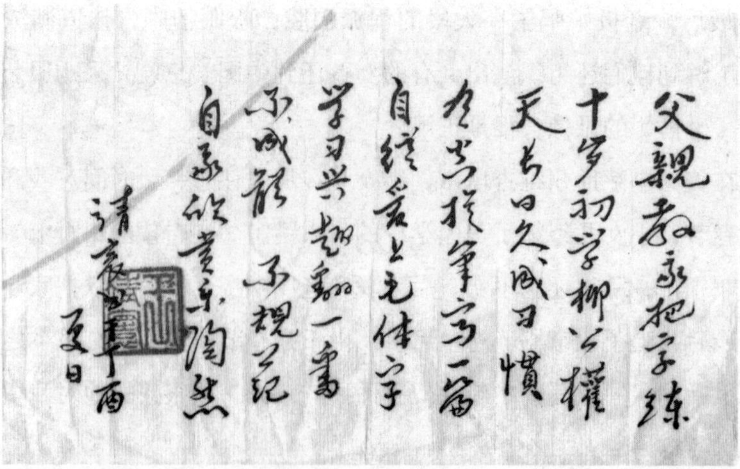

获得2003年“西部之光”杯书法二等奖

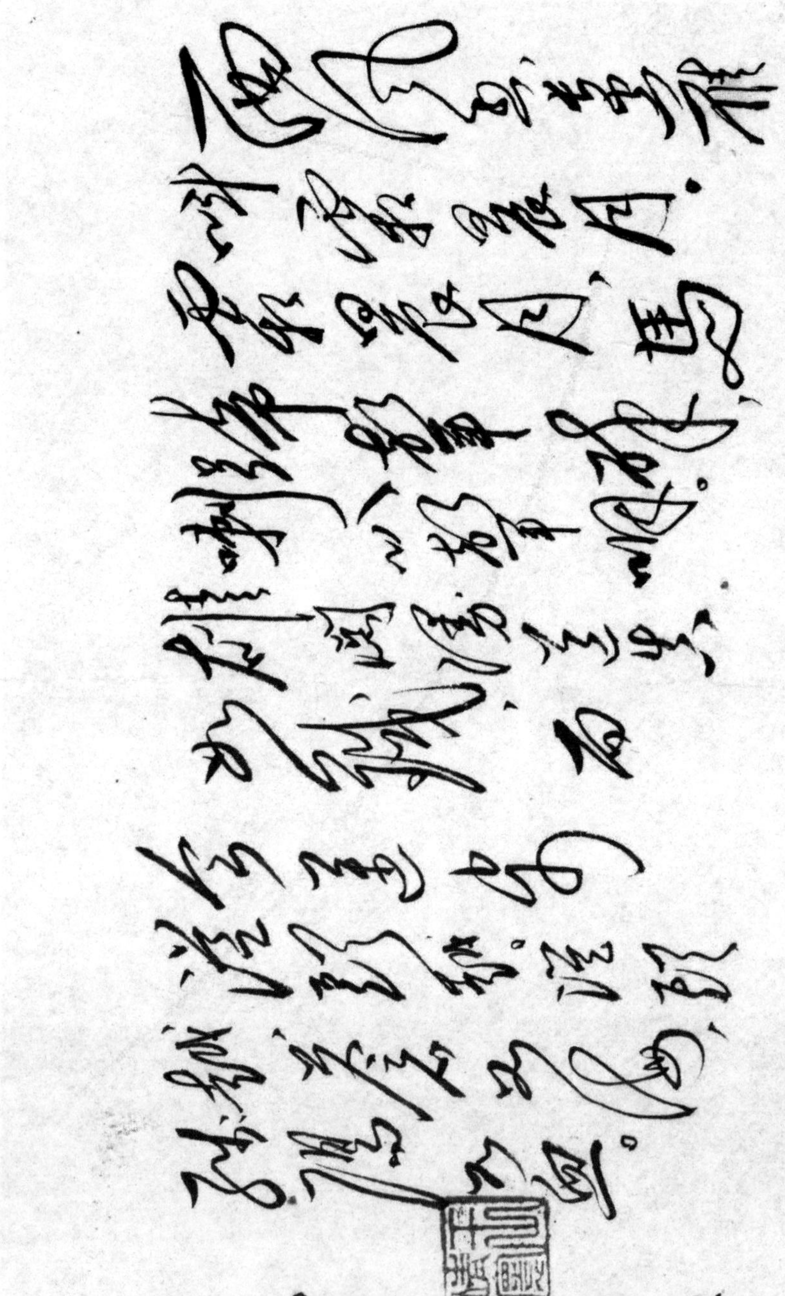

书法欣赏

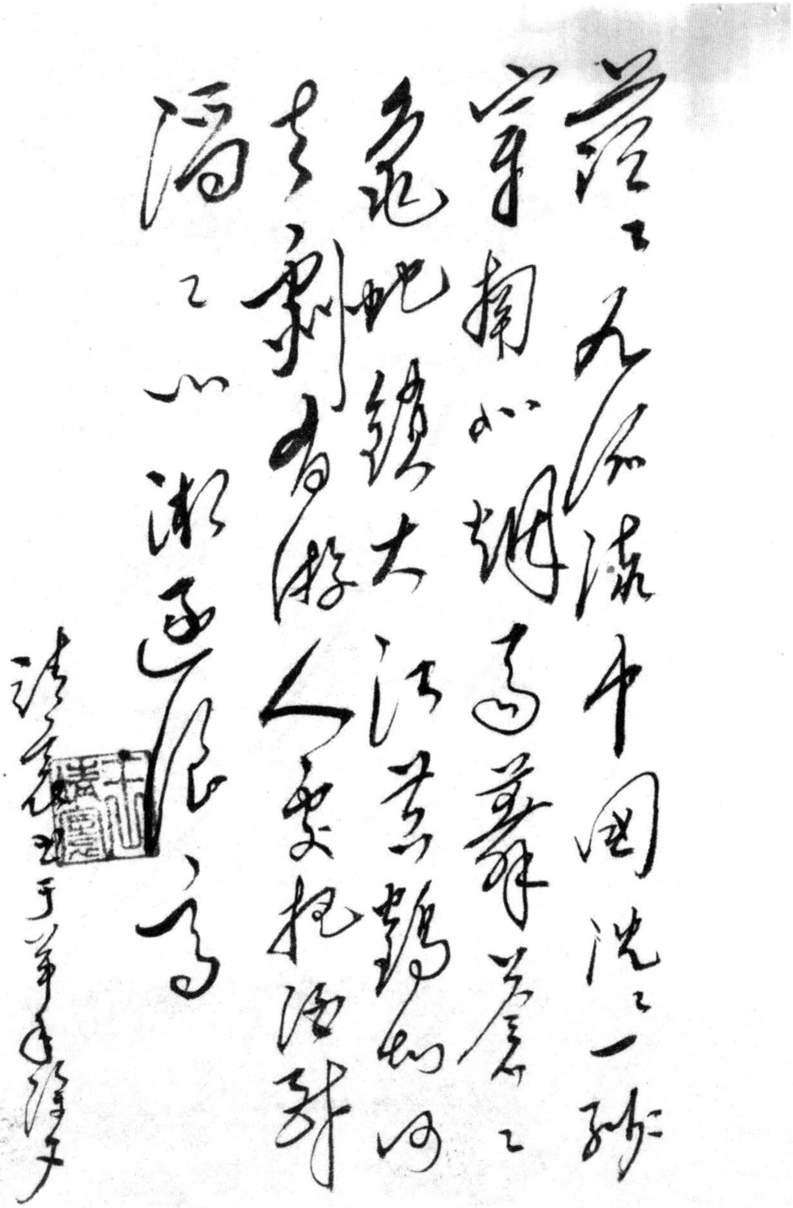

书法欣赏

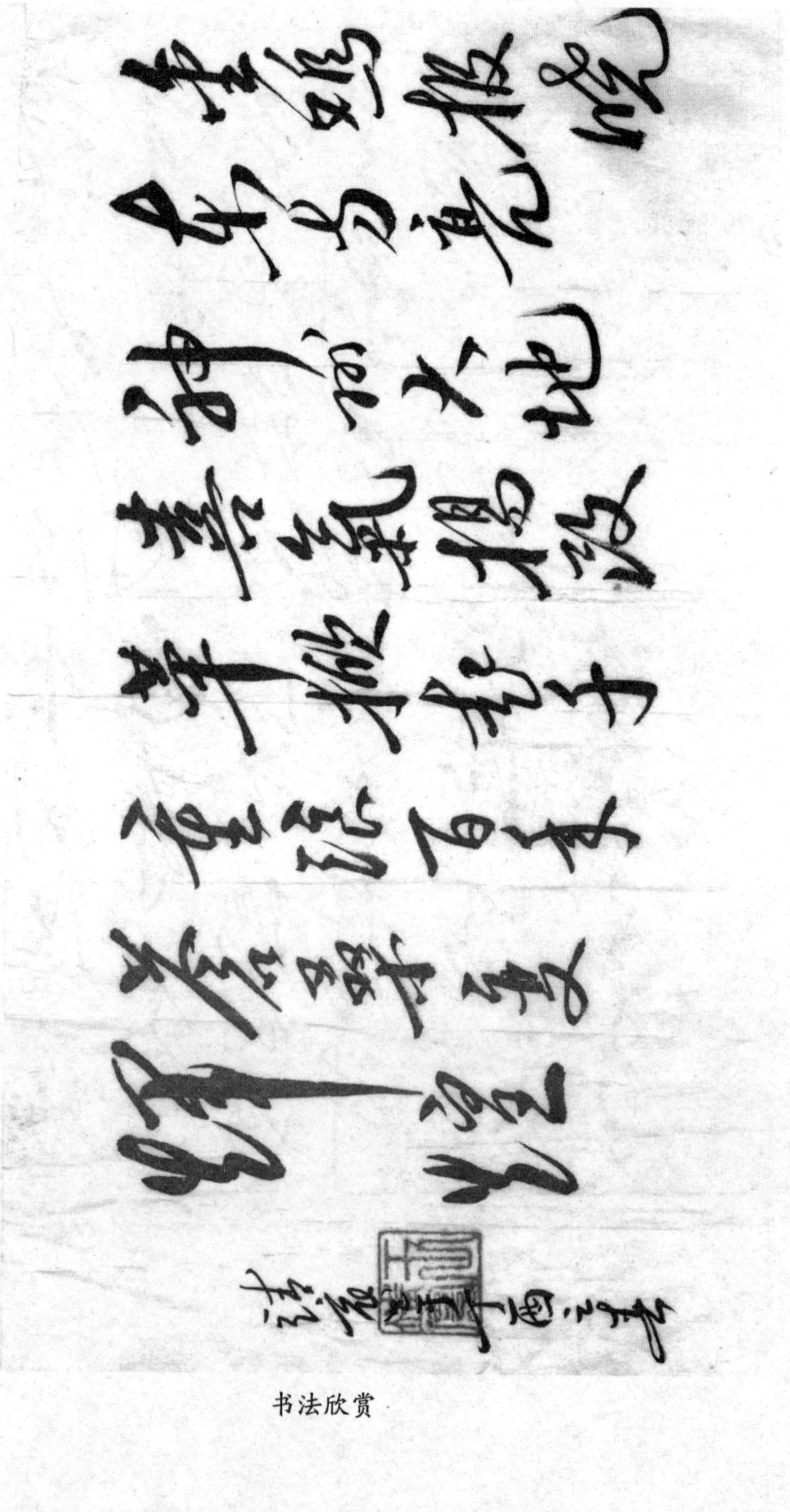

书法欣赏

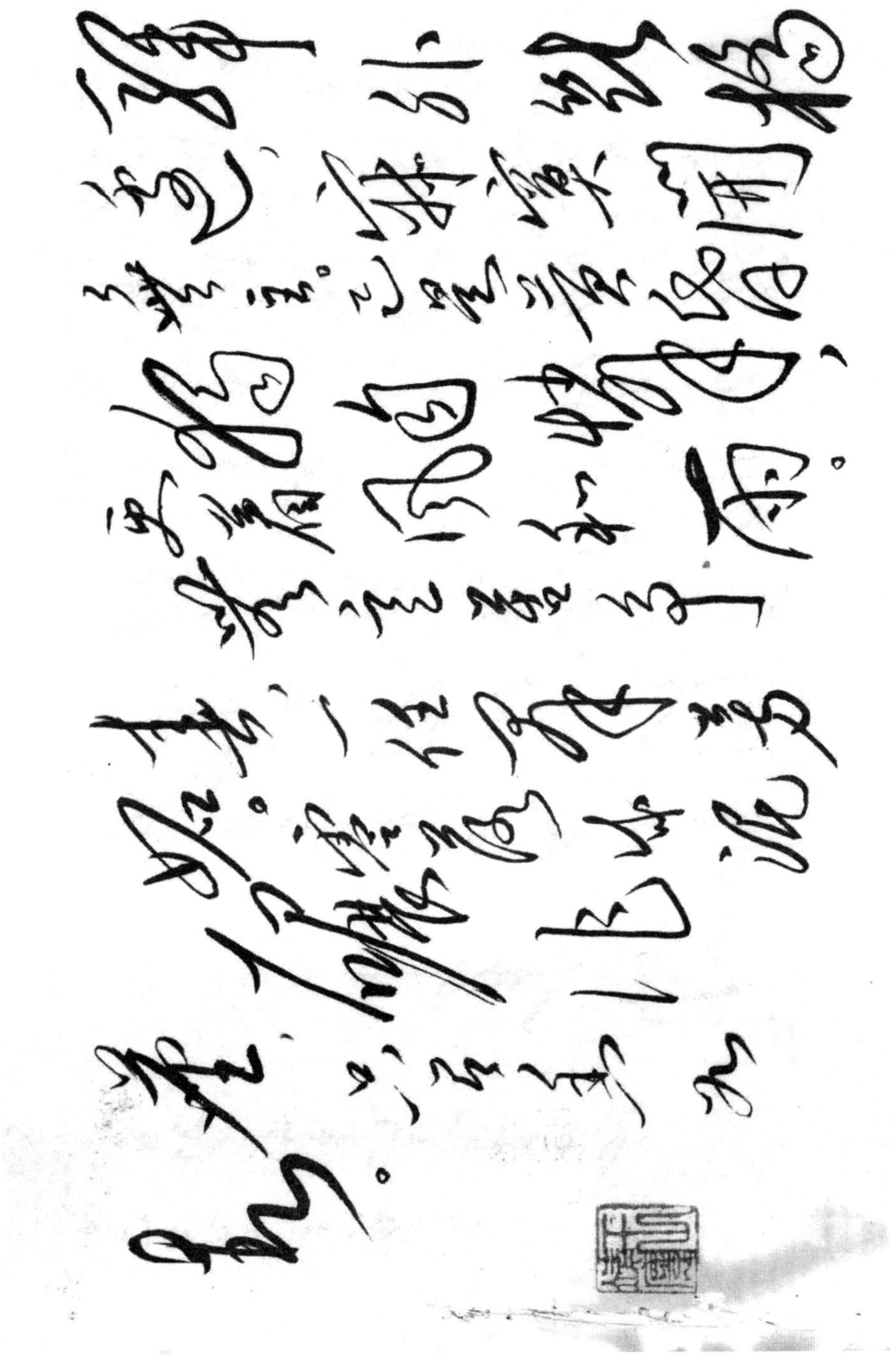

书法欣赏

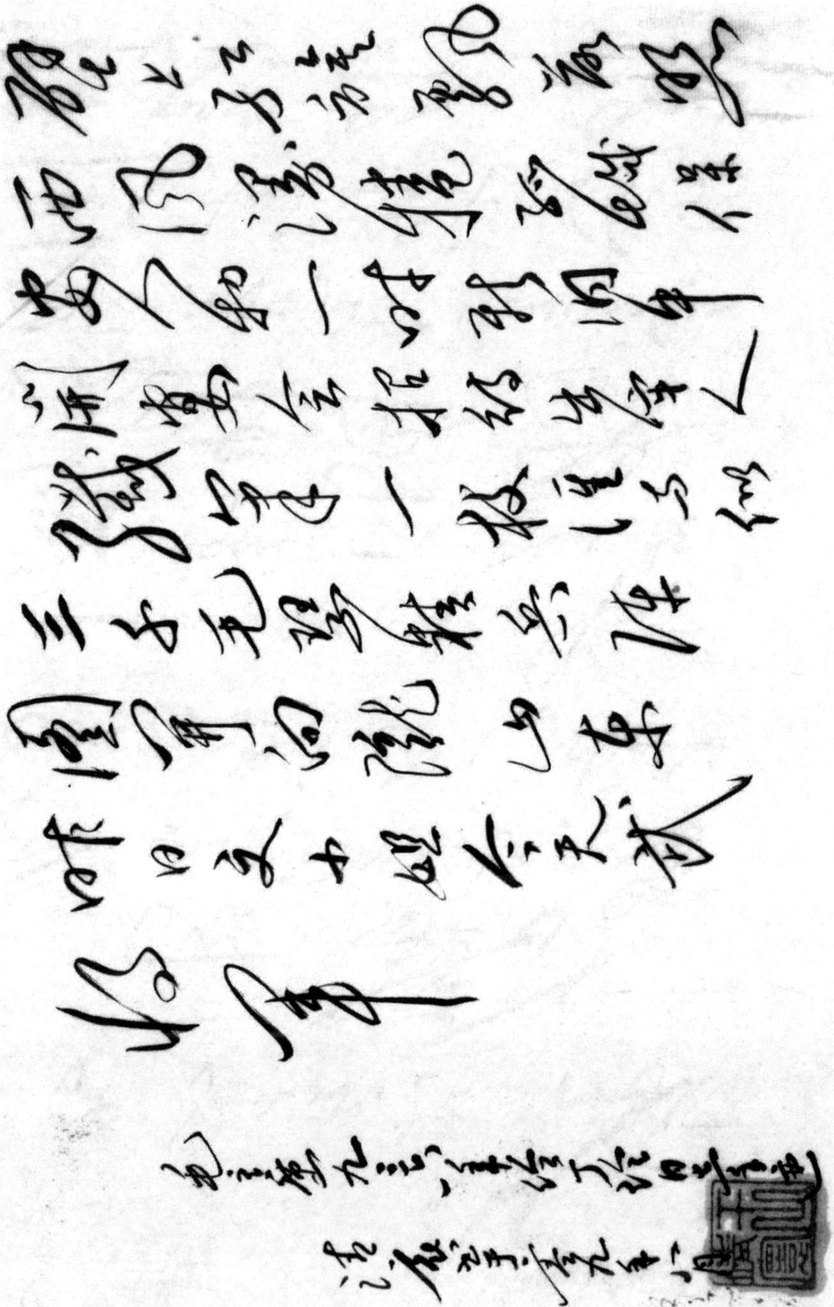

书法欣赏

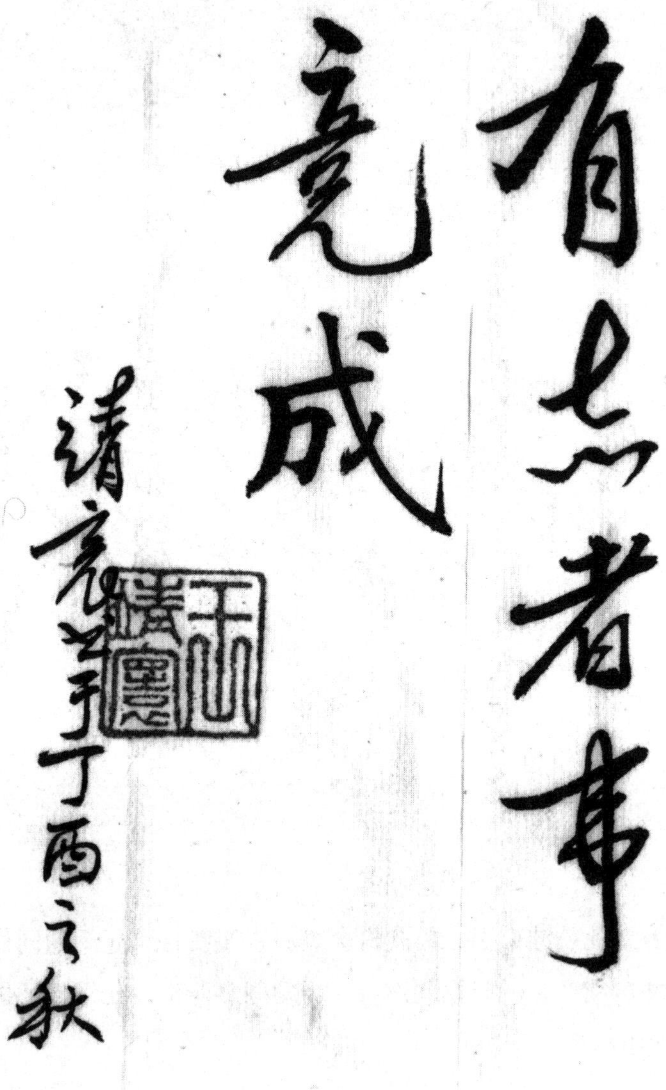

书法欣赏

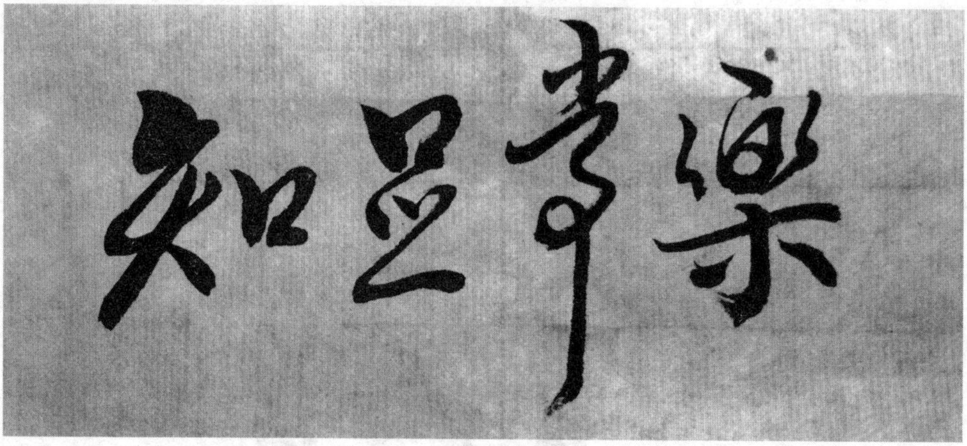

书法欣赏

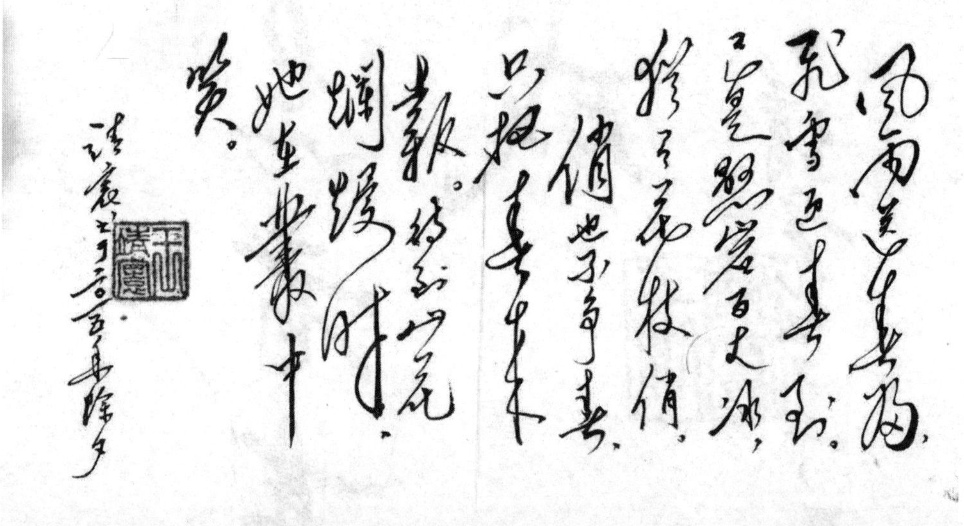

书法欣赏

《剧坛一老兵》到此就结束了，借此机会衷心祝愿我日日怀念的同住一个院、同吃一锅饭、并肩战斗、一起摸爬滚打、为歌剧事业奋斗几十年的老同志们：长乐不老，寿比山高！

我的小履历

1932 年 11 月出生在河北省昌黎县

1939—1945 年在武清县小学读书

1945 年 8 月日本投降，9 月考入北京汇文中学

1949 年 10 月我随学校一起参加了天安门开国大典

1950 年考入中央戏曲学院，在校期间加入共产主义青年团

毕业时演出了小歌剧《新条件》，我演男青年春生

1951 年元月毕业后分配到西南人民艺术学院实验剧团工作

1952 年排演小歌剧《好军属》，我演二大伯；《白毛女》我扮演虎子

1953 年建立西南人民艺术剧院排演大型歌剧《小女婿》，我扮演田喜

1953—1954 年参加慰问中国人民志愿军赴朝演出、到边疆慰问演出

1955 年在歌剧《一个志愿军的未婚妻》扮演老贾

1956 年在歌剧《漳河湾》我扮演刘旭东，同年被批准入党

1957 年在歌剧《草原之歌》我扮演阿布扎

1958 年在歌剧《刘介梅》扮演地主于震人、《红云岩》扮演罗大刚、《地下之火》扮演肖凤阶

1959 年在歌剧《货郎与小姐》扮演阿斯克尔，我和吴小平同志合作导演了大型歌剧《向秀丽》

1959—1960 年两度被评为市先进个人

1960 年在歌剧《柯山红日》扮演杨帆

在歌剧《矿灯长明》扮演李书记

1961 年在歌剧《洪湖赤卫队》扮演刘闯、小戏《三月三》扮演周红亮、大歌剧《红珊瑚》扮演麻副官

1962 年去成都演出《洪湖赤卫队》《柯山红日》《货郎与小姐》，小戏《三月三》与一台小戏，历时两月有余（洪剧我演刘闯、柯剧我演杨帆、货剧我演阿斯克尔、《三月三》我演周洪亮）

1963 年在歌剧《夺印》扮演何书记、《李双双》扮演喜旺、本团创作的《江姐》我扮演徐鹏飞

1964 年成立重庆市歌剧团，我任演员队长

10 月全团下乡“四清”，我分配在白市驿海螺大队工作组，任副组长

1965 年 6 月奉文化局领导安排，我和川剧院另外一个同志赴广州观摩调研中南区现代戏剧会演，时长一个半月

9 月被派往越南参加文化工作队，1966 年 11 月返回参加“文化大革命”到 1969 年后又进入毛泽东思想学习班

1970 年参加团组织演唱交响乐《沙家浜》，任唱队负责人

1972 年创作歌剧《洪山渡》，我演政委王刚

1973 年任歌剧演出队负责人，组织改编《海岛女民兵》，我演方书记

1974 年上演《海岛女民兵》，8 月去松藻煤矿演出《送马草》等

1977 年任命我为歌剧团副团长、支部副书记

1978 年恢复《刘三姐》上演

1979 年恢复《货郎与小姐》上演，再次排演《红云岩》

1981 年我与郑波文同志一起移植同名话剧《灵与肉》，作曲杨永忠；同年上演

我率领四川省歌剧考察组，我和陆棨、王松柏等七人赴武汉、上海、天津、沈阳、大连、哈尔滨等地进行歌剧考察

1982 年开始创作排演《火把节》

1983 年到成都等地演出《火把节》，筹备建房组

1984 年到北京参加会演《火把节》获奖，国庆节彩车开过天安门接受检阅，8000 平方米建房竣工，分配住房

1985 年任命我为歌剧团团长、支部书记

与中南橡胶厂结成经济文化联合体

1986 年领导支部进行整党工作

1987 年调任影视中心主任

1993 年退休